本书系作者主持的国家社会科学基金教育学课题阶段性研究成果，课题名为"基于学生画像的综合素质评价行动研究"（BCA190084）。

PLANNED LIFE IS MORE
EXCITING

有规划的人生更精彩

基于学生画像的生涯规划导航课

张 治　倪邦辉◎著

新华出版社

图书在版编目（CIP）数据

有规划的人生更精彩：基于学生画像的生涯规划导航课 / 张治，倪邦辉著 . —北京：新华出版社，2020.7

ISBN 978-7-5166-5209-1

Ⅰ . ①有… Ⅱ . ①张… ②倪… Ⅲ . ①高中生—职业选择 Ⅳ . ① G635.5

中国版本图书馆 CIP 数据核字 (2020) 第 119275 号

有规划的人生更精彩：基于学生画像的生涯规划导航课

作　　者：张　治　倪邦辉

责任编辑：徐文贤
封面设计：马　佳

出版发行：新华出版社
地　　址：北京石景山区京原路 8 号　　　　邮　　编：100040
网　　址：http://www.xinhuapub.com
经　　销：新华书店
购书热线：010-63077122　　　　中国新闻书店购书热线：010-63072012

照　　排：北京人文在线文化艺术有限公司
印　　刷：天津雅泽印刷有限公司
成品尺寸：185mm×260mm　1/16
印　　张：11.25　　　　　　　　　　字　　数：177 千字
版　　次：2021 年 3 月第一版　　　　印　　次：2021 年 3 月天津第一次印刷
书　　号：ISBN 978-7-5166-5209-1
定　　价：98.00 元

PLANNED LIFE IS MORE EXCITING

本书探讨学习和成长的观念、方法论，是学习和成长路上必备的导航书。对于各种活动和调查，我们要虔诚对待。

本书能带你经历一段旅程，而不是给你一堆知识。

本书是立体的，使学习体验与平台无缝对接。你所经历的调查和互动实践，可以成为生涯规划的数据支撑，从而为你的数字画像积累更真实的数据。

ABOUT THE BOOK

<<<<<

有规划的人生更精彩，有数据的规划更科学

　　哈佛大学曾研究过规划对人生的影响，发现人生目标越清晰、长远的人越能获得成功。古往今来，人们一直渴望了解人生的真谛。"我是谁？我从哪里来？我要到哪里去？"这人生三问直击每个人的内心。结合学习生涯规划，这一哲学问题也隐含了解自己的梦想、熟识社会的职业、规划自己的人生目标的含义。作为一个中学生，生涯规划则可更为具体，除了上述的人生三问，更为迫切的愿望是了解"我在哪儿""我有什么特长""我适合学什么""如何实现理想"，以及"我怎样选择大学"等具体的问题。本书希望能够从细节出发，帮助莘莘学子更客观地认识自我、认识社会和规划人生，使学生的梦想能够落地生根。

　　我是谁　中学阶段正是学生树立人生观、世界观、价值观的重要时期；同时，也到了选择大学和专业的岔路口。此时，学生可能并不清楚自己的优势在哪里，对于未来之路很迷茫，不知该如何选择。这时候，生涯规划教育便显现出重要性。如果这个阶段学生能够了解自己喜欢做什么、应该做什么，培养自觉规划的意识，并提前为自己做出相应规划，那么将有利于今后的生涯发展。"数字画像"可以使学生客观分析自己的兴趣、爱好、特长、不足、潜质和天赋等，可以帮助学生及时改善行为，扬长避短，寻找更适合自己的发展路径。

　　我在哪儿　时代在变化，技术在发展，但这离不开社会前进的理念与环境。学生应该了解国家和社会需要怎样的人才，将中国梦融入自己的人生规划中，为

国家振兴、民族腾飞添砖加瓦，并投身其中，让自己的梦想与国家和社会的需要相结合，使之在社会的土壤中开花结果。

我向何处去　人生规划不仅是对未来发展做出一步步的计划，更是基于自己、基于社会、基于国家对人生未来之路的思考。在这个阶段树立理想，不仅是将理想划分为一个个阶段，更重要的是结合高中学习生活进行选科，为以后的职业生涯打下一定的基础。

如何面对成长困惑　青春是人生中最美好的时光，同时也会充斥着诸多烦恼。例如，如何管理时间、如何缓解焦虑等。为了实现自己的理想，就应该正确处理问题和烦恼，培养自己养成坚韧、自信以及解决问题的勇气。

怎样选择大学　为了获取更丰满的学生画像，本书还配有学习生涯规划平台，学生可以从中获取兴趣、价值观、性格、能力等层面的画像；可以记录生涯实践中每一个值得留下回忆的细节，找到自己感兴趣的职业；可以调适自己的心情，在时间、压力、焦虑等维度为自己提供学习和减压的管理方案；还可以基于自己的梦想，根据社会的需求，找到自己最满意，且益于自己能力发展的大学和专业。学习生涯规划平台还能够打通学生的数据，将学生和社会、大学、专业的数据相连，为学生提供最精准的升学计划。

人生是一段旅程，当学生慢慢开始了解和探索生命的时候，其实也是在不断地融入国家和社会。他们对以往进行总结，对未来抱有憧憬，关心国家、关心社会、关心自己，使自己从祖国的花朵变成祖国的接班人。

有规划的人生会更精彩，有数字画像支撑的生涯规划也将更科学、精准。规划好人生的每一步，才能扬帆起航。谨以此序与大家共勉。

张　治

2020 年 6 月 6 日于上海

前言

　　有规划的人生更精彩。本书是学习和成长路上必备的导航书，读者对象是广大的高中生，旨在帮助学生更好地了解自我，更精准地规划学程、挖掘潜质、选择专业。

　　本书不仅是一本读物，更重要的是有很强的代入感，使师生能够参与其中。老师从认识自我、认识社会、为理想做准备、如何实现理想、升学指导 5 个方面出发，带领学生经历一段学习与实践的旅程，循序渐进地引领学生清晰自己的梦想，选择适合自己的大学，在社会中找到属于自己的位置。本书中的学习体验与平台无缝对接，使学生的学习体验更为丰满，为学生的数字画像积累更真实的数据。

　　除了张治、倪邦辉两位作者，本书编写人员还包括上海市电化教育馆徐冰冰老师、朱思奇老师、袁辉老师，上海交通大学学生就业服务和职业发展中心沈延兵老师、上海交通大学心理咨询中心薛璟老师对本书进行了细致地审读，并提供了非常有价值的学术建议，在此特别致谢。

PLANNED
LIFE IS
MORE
EXCITING

目　录

模块四

如何面对成长困惑——常见问题调适

Question

模块五

怎样选择大学——升学指导与志愿填报

School

活动目录

模块一　我是谁——客观认识自我

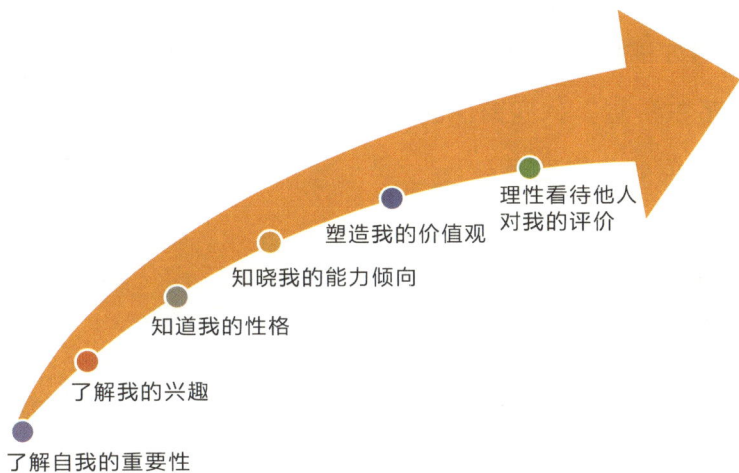

理性看待他人
对我的评价

塑造我的价值观

知晓我的能力倾向

知道我的性格

了解我的兴趣

了解自我的重要性

模块导读

　　从古至今，我们一直在不断地探讨"我是谁"的问题。本单元从兴趣、性格、能力倾向、价值观等层面，通过一系列的学习活动和数据，让学生对自己有更加清晰的认识，从而全面、立体地了解自己，认识自己的潜能和天赋、长处与短板，为生涯规划提供更科学的依据。

单元一：了解自我的重要性

曾经有人问苏格拉底："世上何事最难？"答曰："认识你自己。""认识你自己"被刻在了古希腊奥林匹斯山的德尔斐神庙门楣上，成为著名箴言。那么，"认识你自己"为何如此之难呢？

案例故事

伊索寓言中有这样一个故事：

乌鸦和老鹰

鹰从高岩直飞而下，把一只羊羔抓走了。一只乌鸦见到后，非常羡慕，很想效仿。于是，它猛扑到一只公羊背上，学习老鹰的样子，想把羊带走。可是脚爪却被羊毛缠住了，拔也拔不出来。不管乌鸦多么努力地扇动翅膀，仍然逃脱不了羊毛的束缚。羊的主人看见后，一把抓住乌鸦，并剪去了乌鸦翅膀上的羽毛。

傍晚，羊主人把剪掉羽毛的乌鸦带回家给孩子们看。孩子们好奇地看着乌鸦，问发生了什么事。羊主人说："这只乌鸦对自己认识不清，非要学老鹰抓羊，结果被羊毛缠住了。"（如图1-1所示）

所谓画虎不成反类犬。乌鸦羡慕老鹰，盲目地学习老鹰，最终自己被抓，这说明乌鸦并没有认清自己，缺少对自己的正确认识。因此，正确认识自己是重中之重，只有做到了这点，才利于我们做出正确的判断。

图 1-1　乌鸦与老鹰

🔗 知识链接

认识自己的重要性

　　学会自知，我们才能把握自己前进的方向；学会自知，我们才能做与自己能力相符合的事。就拿夸父追日来说，夸父自以为世上没有自己做不到的事儿，所以他就去追赶太阳，可他非但没有追上太阳，最终因劳累过度而死。有人曾经用"一张纸"来描绘一个人的一生，人生漫长、时光匆匆，每分每秒的经历慢慢地填充着人生这张纸，书写者是我们自己。所以，没有谁比自己更了解自己。正视自己，通过人生这张纸了解自己的性格、知道自己的兴趣、明白自己的能力、明确自己的重心……当你尽可能全面地认识自己之后，便能更好、更快地明确自己前进的方向。

学生生涯规划因何重要？

　　哈佛大学曾做过这样一个实验，研究"规划对人生的影响"。研究团队找了一群条件差不多的大学毕业生，大致分为 4 类人：第一类人约占 27%，没有目标；第二类人约占 60%，目标模糊；第三类人约占 10%，有清晰但比较短期的目标；第四类人约占 3%，有清晰而长远的目标。

在为期 25 年的跟踪调查中，这些毕业生在开始职业生涯后，职业和生活状况都发生了很大的变化。第四类人在这 25 年间，几乎都不曾更改过自己的人生目标，并为此不懈地努力，大多数成为社会各界顶尖的成功人士，例如企业家、社会精英等；第三类人通过不断实现短期的人生规划，生活水平越来越好，在各行各业成为不可多得的专业人才，如企业家、律师、高精尖产品工程师等；第二类人基本都处于社会的中下层，他们可能没有什么突出的贡献和作为，但也能过上安逸的生活；第一类人的生活通常很不如意，没有稳定的工作，也常常处于无收入状态。

于是我们可以发现，规划对人生有着巨大的影响力。你选择怎样的人生规划，就会有怎样的人生际遇。

生涯规划是学生结合时代特点，根据自己的兴趣、性格、能力、价值观等，在读书期间对人生与理想的实现所制定的计划，因此生涯规划也被称作人生规划。

学生生涯是人生的灯塔。生涯规划就是找到理想，结合现实，最终通过实践探索找到最适合我们的道路的过程（如图 1-2 所示）。理想指的是你想做的、你适合做的、你认为值得做的并且你可能做成的事情；结合现实，就是看看现实对于我们的理想有哪些机会、要求和限制；合适的道路是建立在真实的实践和科学选择的基础之上的。

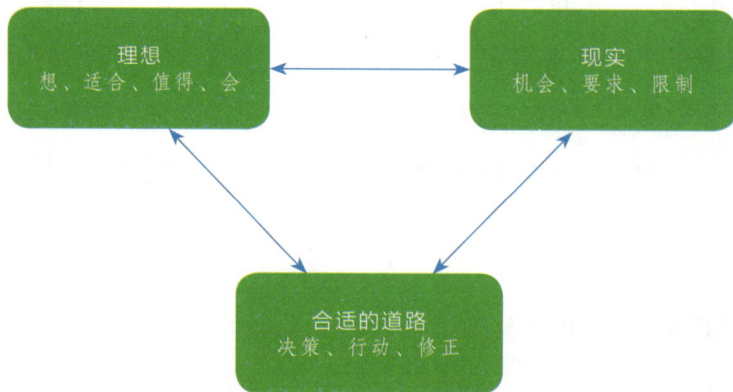

图 1-2　生涯规划之路

东西方对命运的预测路径

自古以来，东西方对"认识自己"的渴望一直存在。在我国的文化历史里，古有八卦、周易、八字等为人算命解忧，亦有抓周、称骨等替人预卜未来，虽然不能论证这些工具的科学性，但是古人对于未来的探求和对自己的认知欲望也可从中略窥一二。同样的，在西方很多人利用星座、星盘、巫术、通灵等手段帮助他们完成对命运的预测。（如图 1-3 所示）

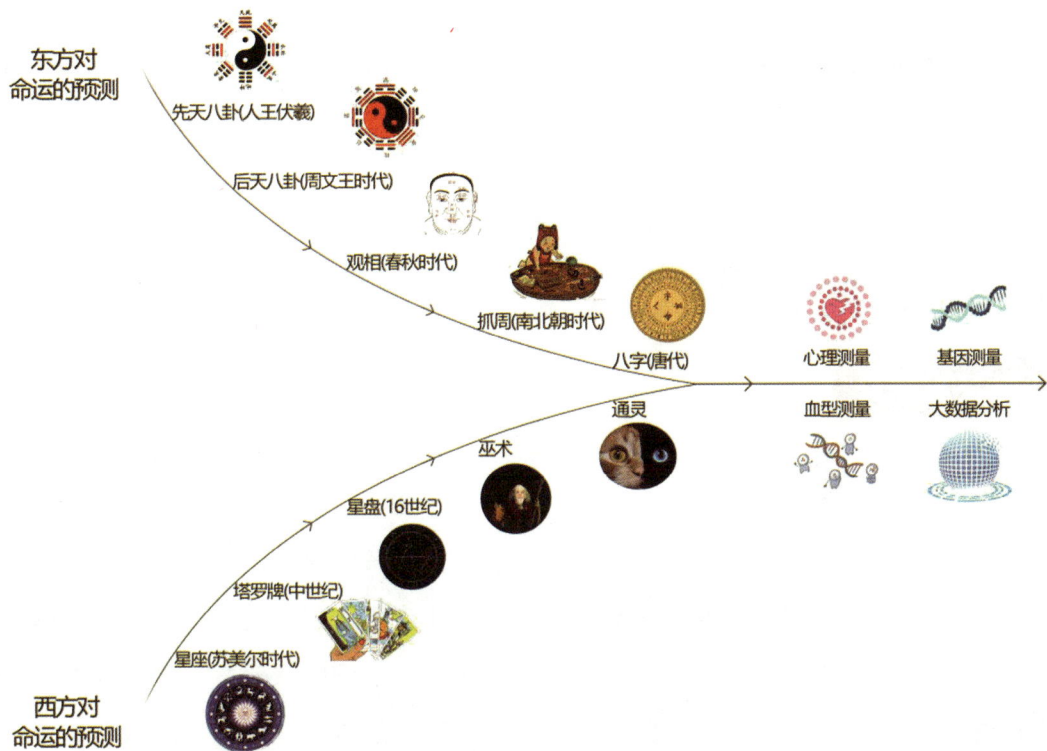

图 1-3 东西方对命运的预测变迁

随着社会科学的发展及社会生活的需要，心理学家通过科学的方法，研制出针对人的不同方面的心理测评量表，以更加精准的方法对人的性格、能力等方面进行科学性的评价。科技的发展让血液测评和基因测序等方法成为可能，提前预防和治疗人们身上潜在的问题；大数据分析也将更好地从各个层面助力人们的生活和发展。

本书将借助心理测量、大数据等方法帮助大家更好地认识自己、了解自己，为未来的学习生涯提供适合你的规划方案。

🛡 实践活动

活动 1　我眼中的我

> 我眼中的我是怎样的呢？同学们可免费进入生涯规划平台，或扫描封底二维码完成你的画像。

请用任何你能想到的 10 个词语描述自己，可以是性格特点、兴趣爱好，也可以是技能特长、学业表现等。让我们由此开启认识自己之旅。

♫ 拓展学习

致不完美的你

"一千个人眼中有一千个哈姆雷特"这句话用来解释"认识你自己"也很适用。你碰到的不同的人对你会有不同的看法，而自己对自己的认知也会受到其他人的影响。"横看成岭侧成峰，远近高低各不同"。不同的人对同一个人会有不同的看法，同一个人从不同的角度看人也会得到不同的看法。所以，如果根据他人对你的判断，必然会有各式各样的"哈姆雷特"出现。

哈佛大学教授在对毕业生的一条寄语中这样写道："不要过分追求完美，不要给自己施加不必要的压力。生活不只是工作、学习，它还有很多很多。"

哈佛心理学博士泰勒·本·沙哈尔在"积极心理学"课程里经常教导学生"可以追求卓越，但是不要追求完美主义"。他认为"完美主义者最终连自己的成就都拒绝了。在那些看起来好像什么都拥有，但却不幸福的人身上，经常可以看到这种情况。如果我们的梦想仅仅是拥有一个完美人生，那我们必将遭遇失望与沮丧，因为这个梦想在现实世界中终将破碎"。

✳ 单元小结

本单元主要介绍了认识自己的重要性与难处，强调生涯规划是认识自己、实现理想的实践之路。了解生涯规划的理念、掌握测评工具，有利于我们更好地认识自己。

了解自己有什么好处？

你觉得你了解自己吗？

单元二：了解我的兴趣

"知之者不如好之者，好之者不如乐之者。"这句话说的是学习有 3 种境界，即知、好、乐。其中，乐指的是兴趣，以学为乐，在乐中学，于学习的益处能事半功倍。同样的，兴趣也可以增强职业生涯的适应性。因而，如果你知道自己的兴趣类型，制订与兴趣相关的学习计划，可以帮助你完成生涯规划。

案例故事

　　我国东汉时期的科学家、文学家张衡从小就对星星特别感兴趣，每天夜里，他都会在院子里看星星、数星星。他的奶奶问他："星星一闪一闪的，怎么能够数得清楚呢？"善于观察的张衡说："星星虽然在动，但并不是乱动，很多星星之间的距离总是离得那么远。"他的爷爷指着北斗星说："你看，那七颗星星连起来像一把勺子，叫北斗星。勺口对着的一颗亮星，就是北极星。北斗星总是绕着北极星转。"长大后，张衡凭借着对天文的热情，绘制出了中国第一张星空图，第一次创建出名为"浑天仪"的天文仪器，为之后的天文学研究奠定了坚实的基础。

兴趣是人类的好帮手。兴趣可以激发人的热情，使人注意力集中，以愉快的状态面对现实中的问题。因而，拥有一个持之以恒的的兴趣和平稳积极的心态，会对你产生积极的影响。

知识链接

兴趣的变奏

柏拉图认为兴趣是"知识之门"，兴趣能使人产生旺盛的求知欲与强烈的好奇心。随着年龄的增长，兴趣会不断地变化和发展，形成不同的变奏。兴趣的第一变奏是有趣，它是兴趣产生和发展的初级阶段。此时，兴趣停留在浅层。当人对事物的新奇感逐渐消失的时候，兴趣就随之消散。兴趣的第二变奏是乐趣，此时的兴趣开始变得专一、稳定，人会习惯向父母和老师问"为什么"，开始对问题刨根问底。因而，乐趣更能激发钻研、探索的动力。兴趣的第三变奏是志趣，它是一种社会责任感，是自主自发地想要成为社会奉献的力量，也是树立理想和选择未来事业的风向标。寻找自己的志趣并不是一件容易的事情，但是通过审视自己的乐趣，是可以发现志趣的。不过并不是所有乐趣都可以变成志趣。

兴趣与职业

美国学者霍兰德根据兴趣的不同，将其分成了 6 个维度，即现实型（R）、研究型（I）、艺术型（A）、社会型（S）、企业型（E）、常规型（C），每个人的兴趣都是这 6 个维度不同程度的组合（如图 1-4 所示）。

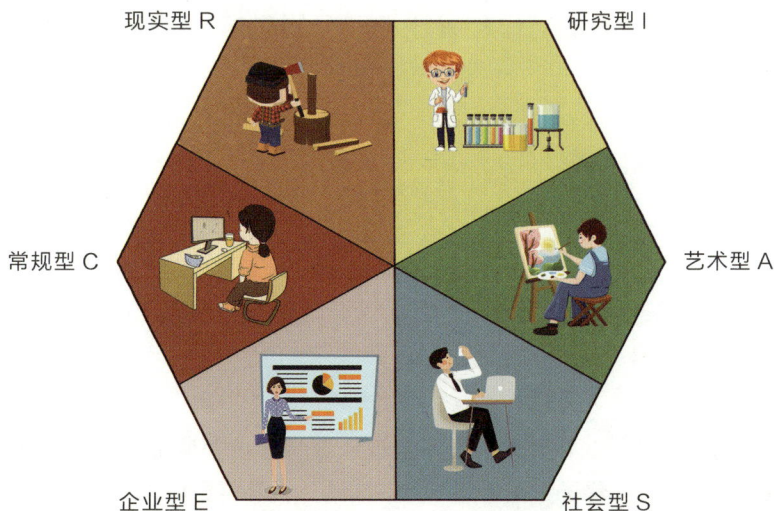

图 1-4　霍兰德职业兴趣六维度

霍兰德职业兴趣测试表

类型	特征	职业
现实型（R）	喜欢拆卸、组装或修理东西，动手能力强，喜欢用手和工具，擅长操纵机器，不喜欢在办公室工作	工程师、插画师、木匠、汽车修理师等
研究型（I）	喜爱阅读和探讨科学性的问题，善于观察和推理各种现象，看重科研	科研单位工作人员、化学家、物理学家、大学教授等
艺术型（A）	善于自我表达，喜欢创作、写作、艺术等。不喜欢系统化的活动、秩序感和明确的内容，看重美的品质	艺术家、作家、诗人、作曲家、演员等
社会型（S）	喜欢与人合作，愿意帮助别人解决困难，喜欢对他人进行传授、培训、教导等方面的社会活动	导游、教师、服务性人员、社会工作者等
企业型（E）	喜欢带领、指导、影响或是支配别人、享受竞争，敢于冒险、有抱负、有野心	律师、政治领袖、营销人员、市场或销售经理、电视制片人和保险代理等
常规型（C）	喜欢稳定、有秩序的工作或活动，掌握明确的工作要求和标准，偏好对数据资料进行明确、有序的整理工作	会计师、银行出纳、行政助理、秘书、档案文书、和文字编辑等

　　每个人的兴趣都不尽相同，在工作的时候就会产生不同的社会责任、满意度和工作特点。所以，当你的工作和兴趣相匹配的时候，你就可以最大限度地在工作中发挥自己的聪明才干。

🛡 **实践活动**

活动 2　我的职业兴趣

　　你的兴趣是什么？如果你还不清楚，或者想要更明确自己的兴趣，请扫描封底二维码或登录生涯规划平台完成测评，获得更加详细的数据。

你的职业兴趣是怎样的？下面的小调查可以帮助你认识自己的职业兴趣。请根据自身实际情况，按照"喜欢""无所谓""不喜欢"对下面的每一道题目进行评价打分，其中"喜欢"记3分，"无所谓"记2分，"不喜欢"记1分。回答时不用考虑是否做过或是擅长这种活动，你喜欢某种活动也并不意味着一定要从事这种活动。回答没有好坏和对错，请凭真实感觉作答。

题目	喜欢	无所谓	不喜欢
1. 研究有关气象变化的规律	3	2	1
2. 了解情绪变化的原因	3	2	1
3. 研究微量元素对人体正常代谢的作用	3	2	1
4. 为解决某一问题上网 / 到图书馆查资料	3	2	1
5. 解复杂的数学问题	3	2	1
6. 设计别具一格的服饰	3	2	1
7. 参观艺术展览	3	2	1
8. 创作电影剧本 / 舞台脚本	3	2	1
9. 制作海报，编辑杂志 / 刊物	3	2	1
10. 创作诗歌 / 散文 / 小说	3	2	1
11. 倾听朋友诉说苦衷	3	2	1
12. 饲养动物	3	2	1
13. 协调沟通各方面关系	3	2	1
14. 结识新朋友	3	2	1
15. 参加各种联欢会 / 晚会	3	2	1
16. 参加辩论 / 演讲	3	2	1
17. 统筹领导或监督管理他人的工作	3	2	1
18. 制定章程和制度	3	2	1
19. 作为领导者参加政治性活动	3	2	1

续表

题目	喜欢	无所谓	不喜欢
20. 主持活动或会议	3	2	1
21. 检查、核对统计数额的错误	3	2	1
22. 做统计报表	3	2	1
23. 校对	3	2	1
24. 整理、保管文档或资料	3	2	1
25. 替领导回复日常工作信函	3	2	1
26. 修理或安装玩具	3	2	1
27. 做机械修理工作	3	2	1
28. 做家具或给家具上油漆	3	2	1
29. 建筑施工	3	2	1
30. 装配或修理电器	3	2	1

请按照题号统计你在每种兴趣类型下的得分，并将分值记录在表格下面的雷达图（如图 1-5 所示）中。

兴趣类型	题号	总分
研究型	1 ~ 5	
艺术型	6 ~ 10	
社会型	11 ~ 15	
企业型	16 ~ 20	
常规型	21 ~ 25	
现实型	26 ~ 30	

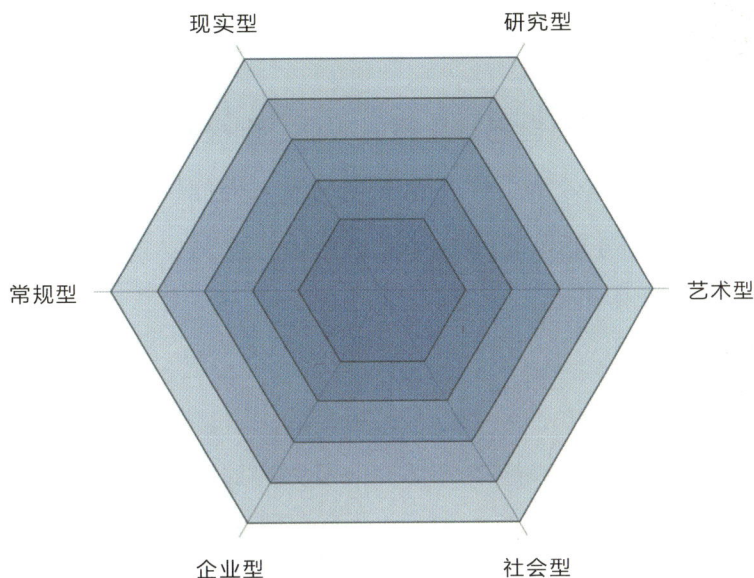

图 1-5　职业兴趣雷达图

活动思考

1. 在上述小调查中，你得分最高的 3 种职业兴趣类型是什么？你觉得你是这种职业兴趣吗？

----

2. 你认为最适合你的职业领域是什么？请进行描述。

----

3. 你在测试的过程中有没有发现被自己忽视的兴趣领域？你有什么想法吗？

拓展学习

研究表明：如果你从事自己感兴趣的职业，则极有可能发挥你 80%~90% 的潜能，并且可以持续高效地工作，也不觉得累；但如果你对自己现在的工作完全不感兴趣，那么你的才能可能只发挥了 20% ～ 30%。

单元小结

本单元主要介绍了职业兴趣的分类，以及兴趣对职业的影响。了解自己的职业兴趣，并挖掘自己的兴趣领域将有助于自己的生涯规划。

我的兴趣是：

兴趣测试后，可能适合的职业是：

你觉得符合吗？

单元三：知道我的性格

"世界上没有完全相同的两片叶子，每个人的生命也是独一无二的。"这句话强调正因为每个人性格迥异，人生才会丰富多彩，才会有不同的工作和不同的未来之路。所以说，性格对于职业的选择是有一定潜在影响的。

案例故事

从前，有三个兄弟，他们想了解自己的命运，于是他们找到一位智者去寻求答案。智者听完他们的来意，说："在遥远的天竺大国寺里，有一颗价值连城的夜明珠，如果叫你们去取，你们会怎么做呢？"大哥首先说："我生性淡泊，夜明珠在我眼里只不过是一颗普通的珠子，所以我不会前往。"二弟拍拍胸脯说："不管有多大的艰难险阻，我一定把夜明珠取回来。"三弟却愁眉不展地说："去天竺国路途遥远，诸多风险，恐怕还没取到夜明珠，人就没命了。"

智者听完兄弟三人的回答，微笑着说道："你们的命运很明晰了。大哥生性淡泊，不求名利，将来自难荣华富贵。但也正由于他的淡泊，在无形中他会得到许多人的帮助和照顾。二弟性格坚定果断，意志刚强，不惧困难，预卜他前途无量，也许会成大器。三弟性格懦弱胆怯，遇事犹豫不决，恐怕他命中注定难成大事。"[1]（如图 1-6 所示）

---

[1] 马巧贤.思想品德课趣味教学案例五则［J］.思想政治课教学，2009，2：60-61.

图 1-6　三兄弟的故事

性格在很大程度上会影响人的成长，不同的性格可能会造就不同的人生。所以我们在生活和学习中，也要注意培养自己的性格特质。

🔗 知识链接

什么是性格？

性格，是人们在日常习惯化的行为方式和面对现实之后的稳定态度中所表现出来的个性心理特征。

贝多芬虽然失聪了，但成了著名音乐家，这和他坚韧的性格密不可分；越王勾践卧薪尝胆，成就了"三千越甲可吞吴"的佳话，这和他能屈能伸的性格有很大关系。可见，良好的性格品质可以让自己在为人处事上更加得体，对走向成功也有一定的助益。

性格与习惯

《荀子》云：积行成习，积习成性，积性成命。意思是，行为决定习惯，习惯决定性格，性格决定命运。英国作家萨克雷也曾说道：播下一个行动，收获一种习惯；播下一种习惯，收获一种性格；播下一种性格，收获一种命运。可见，性格与习惯是息息相关的。不同的习惯会映射出人们不同的性格特点。同样的，人们也可以通过改善自己的态度和言行习惯来塑造性格，使人生更有魅力，生活更加幸福。

性格与职业

瑞士心理学家荣格依据人的心理倾向（即心理能量指向的方向），将人格划分为内向和外向两种类型。内向型个体的能量来源于自身，往往对事物的本质感兴趣，显得比较稳重、严谨和犹豫等；外向型个体的能量来源于外部，通常喜欢社交并对外部世界的各种事物感兴趣，会表现得热情、大方、急躁等。

每个人都有自己独特的性格，在生活中的态度和某些行为都可以反映出我们的性格特征，不同的性格也会对职业的选择产生影响。

性格特征与职业

性格类型	性格特征	优点	不足	适合的职业
外向型	更加关注外部世界，如社交活动	对社会的展示较多——爱社交、活跃、开朗、自信、勇于进取、易适应环境的变化	有时做事马虎、松散，容易急躁	适合从事变化较大的职业
内向型	更关注自身内在世界，如思想、情绪和观点	有规划、严谨、专心致志、持之以恒	易犹豫不决、易害羞、冷漠、寡言、较难适应环境的变化	能胜任相对固定的工作内容或事务性工作

美国心理学家凯恩琳·布里格斯和她的女儿伊莎贝尔·布里格斯·迈尔斯以荣格的心理类型理论作为基础，发展并研制了 MBTI 测试。测试从 4 个维度阐述了人格的倾向性：内倾 I（internal）—外倾 E（external）维度，即将注意力集中在何处——外部或内心；感觉 S（sensation）—直觉 N（intuition）维度，即获取信息的方式——辨识或直觉；思维 T（thinking）—情感 F（feeling）维度，即决策的风格倾向——理性或感性；知觉 P（perceiving）—判断 J（judging）维度，即生活做事的方式——熟思或判断。人们在完成 MBTI 测试时体现在 4 个维度上的不同倾向就构成了所属的人格类型，以此衡量和描述人们在获取信息、做出决策、对待生活等方面的心理活动规律和性格类型。

内向外向，孰好孰坏？

这个问题并没有确切的答案。在现实生活中，外向的人喜欢热闹，更加容易在他人面前展示自己；内向的人选择低调，更会得到"不鸣则已，一鸣惊人"的肯定。

无论外向还是内向的人，在工作和学习中养成一种优秀的性格习惯非常重要，比如遇大事不慌、学会激励、敢于探索、关心细节、有见地等。每一种性格都能让人变得独特、优秀。

⛨ 实践活动

活动 3　我的性格与习惯

> 你想知道自己的性格吗？请同学们进入生涯规划平台，或扫描封底二维码完成测评，获得更加详细的数据。

你的性格和习惯是如何的呢？下面的表格中呈现了描述性格的词汇，请从中圈出符合自己的性格描述。

循规蹈矩	谦恭	自然	害羞	直率	现实	执着	稳重
诚实	温和	实用	节俭	分析	好奇	内向	精算
严谨	独立	条理	理智	批判	书卷气	谦和	内敛
复杂	理想化	冲动	不顺从	情绪化	想象力丰富	关心他人	本色
善于描述	不切实际	直觉	无条理	善于说服	慷慨	思想深刻	善于社交
合作	助人为乐	仁慈	世故	友好	理想主义	负责	理解
敢于冒险	盛气凌人	乐观	承担风险	有雄心	精力旺盛	寻欢作乐	自信
吸引他人注意力	诚恳	受欢迎	周到	果断	保守	犹豫不决	盲目
一致	效率	克制	自我约束	清醒	顺从	实际	有板有眼

活动思考

你认为自己具有怎样的性格：

_____

_____

_____

请家人、老师、同学或者最好的朋友评价你的性格特点，用日常生活里的习惯来举例说明。

	他人眼中的我是哪种性格？	我的生活习惯
1		
2		
3		

活动 4　我的习惯培养

人说本性难移。但是，我们可以通过培养好习惯来拥有美好生活。请进入生涯规划平台，或扫描封底二维码完成本活动。

改变性格从改变习惯开始，而改变习惯需要从每一处细小的言行做起。例如，回家先做作业，还是先看动画片；房间是整齐，还是脏乱。前面我们初步认识了自己的性格，接下来我们可以培养更多的好习惯，督促自己在自我挑战、自我信念、自我批评、目标设定、自我磨炼、坚持不懈、自我开放、自尊自爱等层面努力改进自己。

1. 我目前的好习惯有：

   早睡早起　　　　　保持锻炼　　　认真听讲　　　独立完成作业

   守时惜时　　　　　待人有礼　　　整理错题集　　劳逸结合

   自己的事情自己做　切磋交流　　　其他： _____

2. 我最想改变的不良习惯：

   _____

   _____

3. 我打算如何拥有好习惯？请给自己定下几条规则吧。（如：每天 7：00 早起读书）

   _____

   _____

活动 5　我的性格与职业

　　性格和职业是有一定关联的。请同学们进入生涯规划平台，或扫描封底二维码完成测评，获得更加详细的数据。

　　下表简单介绍了每种维度存在的两种倾向，请根据描述将代表自己倾向的字母填入每一行的空格中，找到自己的维度组合。

倾向一	倾向二	符合你的倾向是
E（外倾） 易被外部世界吸引，善结交朋友，善于表达，易被了解，爱热闹	I（内倾） 关注内在，不善表达，不易被了解，不爱热闹	
S（感觉） 着眼于现实，注重细节，喜欢观察与收集事实，喜欢实用、具体的东西	N（直觉） 着眼于未来，注重整体，喜欢探索规律，喜欢理想和抽象的东西	
T（思维） 不情绪化，以解决问题为中心，理性，善于分析	F（情感） 情绪化，注重融洽的关系，感性，重人情	

倾向一	倾向二	符合你的倾向是
J（判断） 有组织，有条理，按部就班	P（知觉） 重自由，不喜欢被限制、率性而为	
你选择的维度组合是（例如：ESTJ）		

不同的人格类型往往对应不同的职业生涯，如下为部分职业示例，仅供参考。同学们可以思考表中提供的职业选择与自己感兴趣的职业类型是否相符，更重要的是认识自己、认识职业，发现更多的可能性。

ISTJ 会计、警察、工程师、研究员	ISFJ 护士、教师、绩效分析师、行政管理	INFJ 建筑设计、社会调解员、牙医、作家	INFP 时装设计师、编辑、心理学家、作家
ESTJ 建筑师、律师、项目经理、厨师	ESFJ 美容师、营养学家、秘书、儿童福利工作者	ENFJ 社会服务人员、项目主管、教师、督导	ENFP 演员、职业顾问、记者、公关
ISTP 手工、建筑、软件分析师、数学老师	ISFP 图书管理员、文员、地质学者、驯兽师	INTJ 管理顾问、课程设计、系统分析、法官	INTP 软件开发、翻译、系统分析、手工艺者
ESTP 航空工程师、投资营销、健身顾问、摄影师	ESFP 幼儿教师、教练、培训师、海洋生物学家	ENTJ 传媒经纪人、人力资源专家、律师、社会学家	ENTP 演员、风险投资者、艺术老师、产品开发

🎣 拓展学习

江山易改，本性难移？

众所周知，南方人和北方人存在着很多差异。比如，南方人心思细腻，北方人比较豪爽，这是许多人的共识。所谓"一方水土养一方人"，南方又可以称作"江南水乡"，水为柔，人也自然跟着细腻起来。地处西北的黄土高原辽阔浩渺，造就了当地人朴素而豪放的性格。

对于个人而言，"一方水土"其实也不仅仅限于"南方"与"北方"的地域范围，先天遗传、家庭背景、教育背景、文化习俗、个人经历等多种因素的交叉作用，也会导致性格特征不同。

有些人会觉得自己性格内向，不善于交际，但是这样的人却更加地专注自己的内心感受。所以，我们要把性格的优势发挥出来，并在指定的领域通过后天努力克服性格所带来的劣势。通过树立良好的行为习惯，努力训练来突破自己的不足。

单元小结

本单元主要介绍了人的性格，以及性格和习惯、性格与职业的关系。职业和性格相融能相应提升生活质量，但同样优秀的性格品质更能助力你在事业上的成功。养成好的习惯，促成优秀的性格品质，实行自己的性格改善计划，你会受益无穷。

性格测试后，可能适合的职业是：

我的性格特征倾向于：

你觉得符合吗？

单元四：知晓我的能力倾向

"拥有梦想只是一种智力，实现梦想才是一种能力。"每个人出生的时候，都拥有独特的"能力"，并在生命中延续。比如，有的人能歌善舞，有的人口若悬河，有的人文思泉涌，有的人力大无穷……所以，不必羡慕别人有而你没有的东西。在需要挑战自己能力范围以外的事情的时候，不必困惑、更不用惶恐。通过学习、沟通，你可以获得你所需的能力。

在未来的生活中你要知晓的是，你需要什么样的能力，你有哪些能力优势，有哪些能力短板，你又需要如何来培养开发自己的潜能。

案例故事

鱼真的需要会爬树吗？

爱因斯坦曾说："每个人都是天才，但如果你用爬树的能力来断定一条鱼有多少才干，它的整个人生都会相信自己愚蠢不堪。"假如你是一条鱼，参加了爬树的比赛，难道就应该忽略自己在水中自由穿梭的能力吗？

每个人都有属于自己的天性，你应该知道自己所拥有的能力。可能你的音乐细胞特别敏感，可能你的运动水平比别的同学好，可能你天生就是一个算数小能手，可能你天生就擅长与人交往……所以，不要羡慕他人在某个方面发着光，殊不知，你自己也拥有一个发光的能力。（如图1-7所示）

图 1-7　鱼需要爬树吗

"总有一些人在某个方面比别人花更少的时间"。我们要正视自己不擅长的短板，你可能需要和其他人一样修补它，达到平均水平；更重要的是，你也要找到自己的长板，学会培养自己的自信心，让自己的长板成为有用的才能。

知识链接

能力知多少

能力可以直接影响活动效率，能在活动中发展并表现。每个人的能力不同，可分为先天潜能和后天技能。

潜能是与生俱来的，比如音乐天赋、运动能力等。潜能有可能因为平时没有训练而弱化，同时也可经过训练而发展。

技能是经过学习和练习形成的能力，例如，阅读能力、人际交往能力、沟通能力等。

多元智力理论 [1]

美国教育家、心理学家霍华德·加德纳提出了多元智力理论，可以帮助我们

---

① 林崇德. 发展心理学［M］. 北京：人民教育出版社，2008.

挖掘自己的潜能。加德纳认为每个人都至少具备语言智力、逻辑数学智力、音乐智力、空间智力、身体运动智力、人际关系智力、内省智力和自然智力[①]（如图1-8所示）。

图1-8 多元智力图

能力	概念	表现
语言智力	人对语言的掌握和灵活运用的能力	用词语思考，用语言和词语的多种不同方式来表达复杂意义
音乐智力	人的感受、辨别、记忆和表达音乐的能力	对环境中的非言语声音，包括韵律和曲调、节奏、音高、音质的敏感
逻辑数理智力	人对逻辑结果关系的理解、推理、思维表达能力	用逻辑方法解决问题，有对数字和抽象模式的理解力，认识、解决问题的应用推理
空间智力	人对色彩、形状、空间位置的正确感受和表达能力	对视觉世界有准确地感知，产生思维图像，有三维空间的思维能力，能辨别感知空间物体之间的关系
身体运动智力	人的身体协调、平衡能力和运动的力量、速度、灵活性等	利用身体交流和解决问题，熟练地进行物体操作以及需要良好动作技能的活动

---

① 钟志贤.多元智能理论与教育技术［J］.电化教育研究，2004（3）：7-11.

续表

能力	概念	表现
内省智力	个体认识、洞察和反省自身的能力	对自己的感觉和情绪敏感，了解自己的优缺点，用自己的知识来引导决策，设定目标
人际关系智力	对他人的表情、说话、手势动作的敏感程度以及对此做出有效反应的能力	个人能觉察、体验他人的情绪情感并作出适当的反应
自然智力	观察自然的各种形态，对物体进行辨认和分类，能够洞察自然和人造系统的能力	理解自然界的各种模式

实践活动

活动 6　绘制多元智力图

> 　　如果想要快速获得数据结果，请同学们进入生涯规划平台，或扫描封底二维码完成测评，丰富你的数字画像。

请仔细阅读下表中每项的描述，根据自己的实际情况，勾选"是"或"否"①。

	项目①	是	否
1	喜欢说话，口头表达清楚		
2	善于记忆名字、地名、日期等		
3	喜欢讲故事，喜欢参与讨论和谈话		
4	拼写又快又好		
5	和同龄人相比，词汇掌握得好		
6	喜欢做字词游戏，如猜字谜、填字游戏		

---

① 张赛.多元智能理论在高中英语阅读教学中的应用研究［D］.

续表

	项目	是	否
7	喜欢看书并通过看书了解自己感兴趣的东西		
8	擅长用写作来表达自己的想法		
9	对数学非常感兴趣		
10	能轻松地心算数学题		
11	善于记忆数字		
12	喜欢猜谜语和解难题		
13	喜欢有序的、逻辑性强的东西		
14	喜欢下象棋、跳棋以及其他需要策略的游戏		
15	对电脑着迷，在电脑前花费的时间比其他游戏多		
16	能理解因和果、行动和后果之间的关系		
17	对音乐表现出很大的兴趣		
18	很容易记住一首歌		
19	说话和动作有节奏感		
20	能演奏乐器且/或有一副好嗓子		
21	能即兴歌唱和演奏乐器		
22	对走调和周围环境中的噪音比较敏感		
23	当音乐兴起时，表现出很高兴的样子		
24	经常唱课外学到的歌和打拍子		
25	能很快地、轻松地掌握动作技能，并准确完成		
26	擅长运动和舞蹈、武术等		
27	喜欢拆分和组装东西		
28	能模仿他人的举止和特殊风格		
29	喜欢戏剧、小品等，具有戏剧表现能力		
30	如果我长时间不走动，就会觉得很烦		
31	在学习时，喜欢动手实践		

续表

	项目	是	否
32	喜欢体能活动，即使它很艰苦		
33	擅长绘画		
34	喜欢幻想		
35	喜欢表格、图表、地图，喜欢对信息进行归纳组织		
36	通过看图学习比通过文字学得更好		
37	喜欢模型和拼图玩具		
38	喜欢迷宫		
39	喜欢艺术活动		
40	喜欢看电影、电视等可视的表现形式		
41	喜欢和其他同学一起学习和玩游戏		
42	具有领导能力，能够组织并激励其他人，影响其他人		
43	很容易交到朋友		
44	对其他人的情感、想法非常敏感，有同情心		
45	对正确和错误，公平和不公平有强烈的兴趣		
46	和其他人交往时很自然，而且很有自信		
47	看起来有创造力		
48	当我无法做出决定时，我会咨询别人的意见		
49	喜欢自己一个人玩，能自得其乐		
50	独立性强，有主见		
51	不喜欢说太多自己的兴趣和爱好		
52	有很强的自尊心		
53	能从他人的成功和失败中吸取教训		
54	能清楚地认识到自己的优点和不足		
55	能清楚知道自己的感觉，并正确表达		
56	喜欢自己琢磨事情，独立学习时效果更好		

续表

	项目	是	否
57	喜欢与自然有关的活动，如观察鸟、蝴蝶或收集昆虫标本，喜欢树木和小动物		
58	善于观察周围环境，并喜欢通过问问题来更多地了解自己观察到的事物		
59	喜欢在户外散步、旅行，会注意山脉、白云等		
60	喜欢去动物园和自然博物馆		
61	能较快适应变化的环境，具有灵活性		
62	对学习生态学、自然、动物和植物感兴趣		
63	在户外，我觉得舒适而自信		
64	喜欢生物，不喜欢化学		

请根据下面的题号计算自己在各项智力上的得分，每选择"是"记1分，"否"不计分，请计算各项选"是"的项数。

能力	题号	选择"是"的项数
语言智力	1 ~ 8	
逻辑数理智力	9 ~ 16	
音乐智力	17 ~ 24	
身体运动智力	25 ~ 32	
空间智力	33 ~ 40	
人际关系智力	41 ~ 48	
内省智力	49 ~ 56	
自然智力	57 ~ 64	

请根据每种智力的得分，绘制下面的雷达图（如图1-9所示），并以此来表达自己有哪些优势能力。

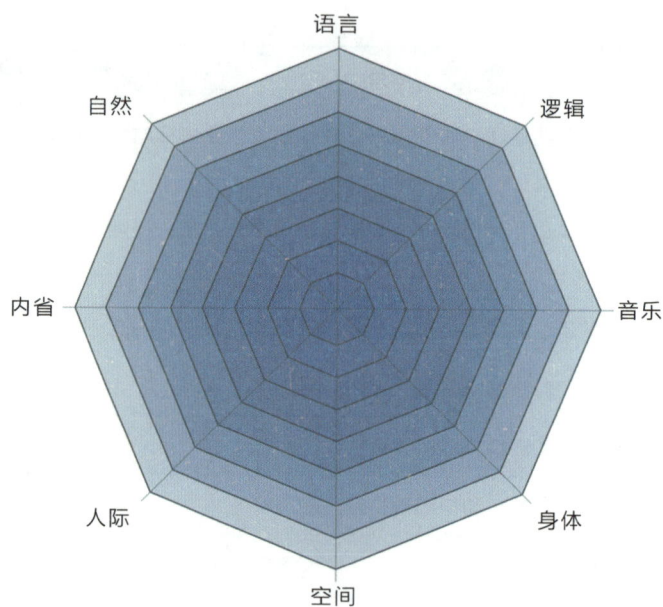

图 1-9　多元智力雷达图

活动思考

1. 这一测验让你对自己的能力产生了怎样的认识？

_____

_____

2. 先天不足后天补。我国戏曲表演艺术家梅兰芳曾说过："我是个笨拙的学艺者，没有充分的天才，全凭苦学。"梅兰芳年轻的时候去拜师学戏，师父说他目光呆滞，根本不是学戏的料。虽然没有得到师父的认可，但是他没有灰心丧气。经过多年的不懈努力，梅兰芳的一双眼睛终于变得有神了。日子长了，梅兰芳的眼睛"会说话"了。那么，当你面对自己的能力短板时，你又打算如何提升自己的能力呢？

_____

_____

♪ 拓展学习

　　《阿甘正传》中的主人公阿甘是低能儿，他在学校里经常被欺负，为了改变这种状况，他听从朋友的建议，开始跑步。长年累月，跑步给他带来了收获，他被破格录取，成了橄榄球明星，也被肯尼迪总统接见。

　　人的一生很长，阿甘选择用最简单的信念坚持了一生。

⚛ 单元小结

　　本单元主要通过多元智力理论让学生了解人具备的不同能力，通过能力测验让学生了解自己能力上的优势和劣势。职业能力是可以改善的，通过训练可以补偿能力短板，稳固自己的能力优势，唤醒自己未知的潜能。

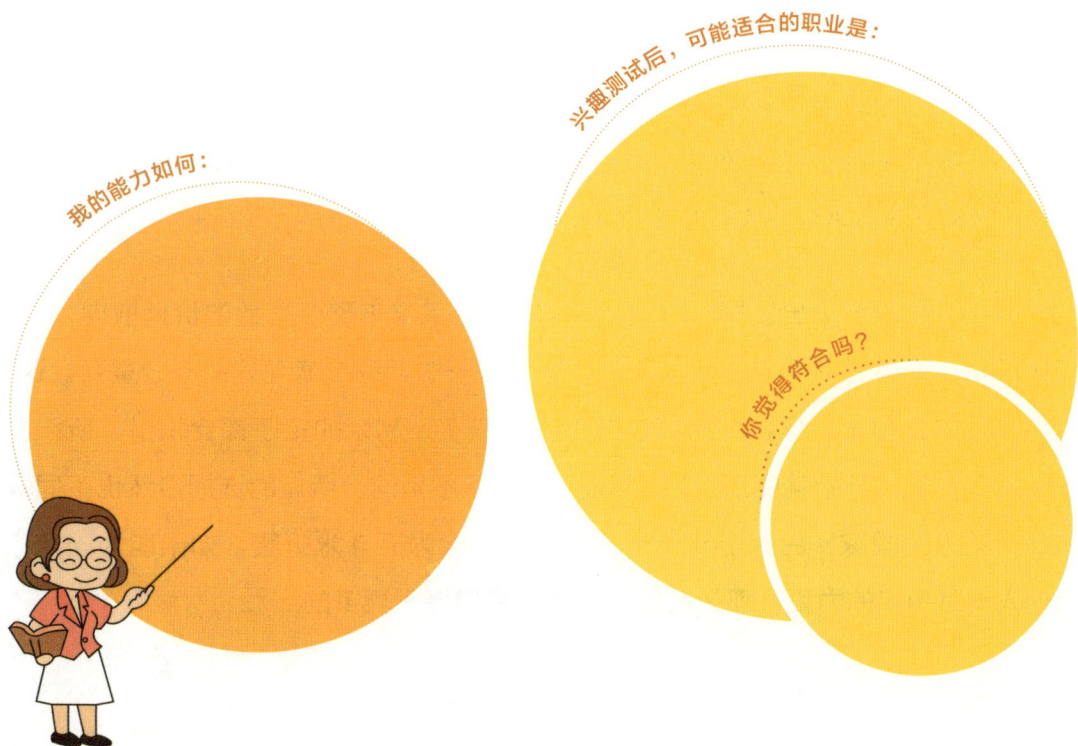

我的能力如何：

兴趣测试后，可能适合的职业是：

你觉得符合吗？

单元五：塑造我的价值观

人生匆匆，不过百年。很多人也是在人生路上慢慢摸索，最终才发现自己到底需要的是什么，追求的是什么，向往的是什么。其实，每个人的心底都有一个答案，或是成功的事业，或是美满的家庭，或是健康的身体，或是一定的金钱……但无论答案是什么，你都应该知道自己最重视的是什么。

案例故事

"中国天眼"是世界最大口径的射电望远镜FAST。南仁东先生作为发起者和奠基人，奉献了一生的精力，使国内的天文事业达到了新的高度。南仁东作为国际知名的天文科学家，曾经得到美国、日本天文领域的青睐。但在20世纪90年代，他断然舍弃高薪，回到国内，报效祖国的天文事业。当时他一年的工资，只等于国外一天的工资。

习近平总书记指出："青年的价值取向决定了未来整个社会的价值取向，而青年又处在价值观形成和确立的时期，抓好这一时期的价值观养成十分重要。这就像穿衣服扣扣子一样，如果第一粒扣子扣错了，剩余的扣子都会扣错。所以，人生的扣子从一开始就要扣好。"人的价值观并不相同，所做的选择自然也不同。有些人会为了国家、民族奋斗一生，有些人也会为五斗米折腰。如果能为国家、为他人贡献自己的力量，那么发挥的能量也将厚泽于更多的人。

知识链接

价值观是什么？我过什么样的生活才值得

价值观是基于人的一定的思维感官之上而做出的认知、理解、判断或抉择，也是人认定事物、明是非的一种思维或取向，从而体现出人、事、物一定的价值或作用。[①] 简单来说，价值观就是"以何为重"。

我国古代的贤者一直都在追求圣人之道。《左传》中记录了三不朽标准，即"太上有立德，其次有立功，其次有立言，虽久不废，此之谓不朽。立德，谓创制垂法，博施济众；立功，谓拯厄除难，功济于时；立言，谓言得其要，理足可传。"在漫漫的历史长河中，立德、立功之人各朝各代都有，但真正能被认可为"圣人"的，寥寥无几，诸如孔子、王阳明等。这足见创立学说、流传后世并不容易，这需要渊博的知识和文化的积淀才能完成。

当代，"爱国、敬业、诚信、友善"是社会主义核心价值观个人层面的价值目标。"爱国"是看到阅兵时发自内心的骄傲、自豪，是运动场上运动健儿奋力拼搏，在赛场上奏响国歌时的澎湃感；"敬业"是全身心地热爱自己所从事的工作和职业，并同时转化成对生活、集体、国家的热爱；"诚信"是以诚待人，人无信而不立，要真诚对待他人；"友善"是善待亲友、他人、社会以及自然等，要学会换位思考，乐于助人，保护环境。

从根本上说，古今的价值观其实是让人在社会上、在历史中留下痕迹。当你走到了人生的弥留之际，你想在墓志铭上刻上怎样的字？悬壶济世、修路造桥，或是教书育人？

价值观的分类 [②]

生涯大师舒伯（Donald E. Super）归纳出15种价值观类型。即智性激发、创造性、管理、成就感、工作环境、审美、独立性、声望、安全感、经济报

---

① 袁贵仁. 价值观的理论与实践 [M]. 北京师范大学出版社，2013.
② 钱静峰，黄素菲. 大学生生涯发展与规划 [M]. 西安：世界图书出版西安有限公司，2015：31.

酬、与上司关系、生活方式、与同事关系、变异性、利他主义。如果我们能了解自己重视的是什么，当面临选择时，就能清楚哪些因素是自己决定的重要指标。

价值观	说明
智性激发	独立思考、学习与分析事理
创造性	发明新事物、设计新产品或发展新观念
管理	能赋予个人权力，策划并分配工作给他人
成就感	能看见自己工作的具体表现，并从中获得满足感
工作环境	能在不冷、不热、不吵、不脏的宜人环境下作业
审美	使世界更美好，增加艺术氛围之重要程度的知觉程度
独立性	能以自己的方式进行工作
声望	提升个人身份名望，且声望来自于他人的敬佩
安全感	使生活有保障，不受经济景气影响
经济报酬	利用获得的丰厚酬劳来购置物品，以满足自己的需求
与上司关系	与主管平等且融洽共处
生活方式	能选择自己的生活方式，并自我发现
与同事关系	能和志同道合的伙伴愉悦共事
变异性	能尝试不同内容、富于变化的工作
利他主义	能为社会和大家谋福利

📖 实践活动

活动 7　价值观卡片

你想知道自己的价值观吗？请同学们进入生涯规划平台，或扫描封底二维码完成测评，丰富你的数字画像。

　　每个人在选择自己理想的工作时，看重的标准都不一样。有的人喜欢舒适的工作环境，有的人青睐富有挑战的工作内容，试想如果你面临工作选择，你最看重的会是什么呢？下面的方框[①]中呈现了人们最常考虑的一些内容，请从中选出9种你觉得最重要的，并按照重要程度依次放入下面的蓝色小卡片中。例如，如果你觉得最重要的是做令你骄傲的工作，就在第一张蓝色卡片中填入"自豪"，后面依此类推。选择没有好坏和对错，请凭自己的真实感觉填写。

自豪	你想做令你骄傲的工作
安定	你要一份稳定的工作，它不易使你成为冗员
可控	你要一份可自己决定进度（可快、可慢）的工作
例行公事	你要一份大多数时间里做相同事情的工作
体力	你要一份需要体力的工作
团队	你要一份工作，在这个工作中，你是团队的一份子
酬赏	你要人们欣赏你的工作
刺激	你要一份充满刺激的工作
单独	你宁可独自一人工作
金钱	你想要赚一大笔钱
艺术	你喜爱包含绘画、设计、音乐、模型设计等的工作
兴趣	你要一份有趣的工作
沟通	你要一份可使用文字或言语来表达构想的工作
环境	你要一份环境很好的工作
挑战	你喜欢有压力、有新的难度的工作
自由	你要自行决定工作时间，而不愿在固定的时间工作
升迁	你要一份有良好升迁管道的工作
创意	你要一份可以构思新观念、方法来处理事情的工作
简单	你比较喜欢一份没什么压力或不愉快要求的工作
变化	你想要做许多不同的事
地位	你要一份别人尊敬的工作
活力	你要一份活跃而不是整天枯坐的工作
助人	你要一份帮助人群的工作

---

① 节选自吴芝仪.我的生涯手册［M］.北京：经济日报出版社，2008.

请给选出的 9 个价值观卡片做减法，留下 3 个你觉得最重要的价值观，并说明理由。

_____

_____

_____

拓展学习

价值观是指人生目标和人生态度在生活中的具体表现。一般来说，人的价值观会体现在自己的职业价值观上，理想、信念或抱负可以通过职业来实现，因而自我对职业的认识和态度以及对职业目标的追求和向往可以体现自己的价值观。

职业价值观四境界：有理想的人生更精彩

每个人在工作中的表现并不相同，是因为他们对于职业的取向并不相同。有些人会把职业当作自己的事业、当作自己的信仰，全身心地投入其中；有些人会主动地完成工作，谋求个人的发展和职业的发展；有些人简单地完成工作，只是为了那一份工资。职业价值取向会让自己在工作的过程中产生不同的驱动力。这三种人也分别对应着职业观的 4 种境界，即信仰取向、事业取向、工作取向、谋生取向（如图 1-10 所示）。

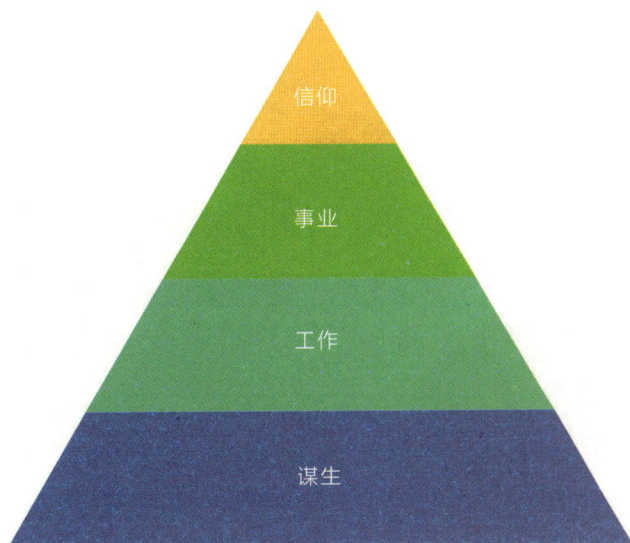

图 1-10　职业发展的 4 种境界

谋生取向是最底层的职业价值观，人的一切需求源于生存和发展，所以会把职业当作个人谋生的手段和致富的途径；工作取向是在谋生取向之上的价值观，这种取向的人会追求在职场上的发展，因而表现得更为主动，更具有积极性；工作取向之上是事业取向，人有强烈的事业心、责任感和大局观，为取得好的成绩、努力成就一番事业而奋斗；信仰取向是最高层次的取向，他们把所做的事当成一种信仰，认为实现自我价值和人生目标比工作上的成功、物质报酬和享受更为重要。

为什么会产生不同的价值观，这是因为每个人怀揣的理想并不相同。有理想的人眼眺远方，更加有动力将自己的事情做好、做大、做强。

单元小结

本单元主要介绍了价值观的 4 种境界，有理想的人生更容易成功。通过价值观的测验让学生了解自己的价值观是什么，通过拥有理想与梦想，让自己的人生更加圆满。

我的价值观是：

价值观测试后，可能适合的职业是：

你觉得符合吗？

单元六：理性看待他人对我的评价

我们不仅可以从自己的角度来认识自己，还可以从他人的角度来获得对自己的客观评价。

案例故事

唐太宗李世民曾说："以铜为镜，可以正衣冠；以古为镜，可以知兴替；以人为镜，可以明得失。朕尝宝此三镜，用防己过。今魏徵殂逝，遂亡一镜矣。"

魏徵以直言敢谏而闻名，他一生谏诤无数，言辞激切，态度坚定。而他辅佐唐太宗共同创建贞观之治的大业，被后人称为一代名相。

所谓忠言逆耳，我们可能并不愿意听那些不喜欢的话，但只有当别人提出你的缺点的时候，你才有机会让自己冷静下来，去考虑是不是自己存在这样的缺点，从而做出改正，使自己进步。

知识链接

如何看待他人对自己的评价：客观对待

首先，别人对自己的评价将有助于自己更全面地了解自己，也能够让自己获取他人对自己的看法，并做出相应的改善计划。

不过，虽然别人的评价有一定的参考价值，但是也要有选择地看待。有的时候，他人会因为立场和态度的不同而给出不符合实际的评价。例如，你的竞争对手可能会对你做出更加严苛的评判。所以，我们可以参考别人对自己的评价，但不能将其作为最重要的决定依据。别人的评价可以作为参考，但不可盲目听从。

周哈里窗

周哈里窗（Johari Window）是由心理学家鲁夫特与英格汉提出的。周哈里窗把人的内在分成 4 个部分，即开放我、盲目我、隐藏我、未知我，揭露了关于自我认知、行为举止和他人对自己的认知之间在有意识或无意识的前提下形成的差异。

开放我是自己和别人都知道的"我"，比如，性别、外貌，生活所在地、能力、爱好、特长、成就等。

盲目我是被他人获知但自我无意识的"我"，比如，一些不经意的小动作或行为习惯，本人觉察不了，除非别人告诉你。

隐藏我是自己清楚地知道但在他人面前保留的"我"，比如，秘密、缺点、往事、疾患、痛苦、窃喜、愧疚、尴尬、欲望、意念等。

未知我是公众及自我两者无意识的"我"，也称为潜意识，比如，潜在能力等。

	自己知道的	自己不知道的
别人知道的	开放我	盲目我
别人不知道的	隐藏我	未知我

实践活动

活动 8　他人眼中的我

> 如果想要快速获得数据结果，请同学们进入生涯规划平台，或扫描封底二维码完成测评，丰富你的数字画像。

请利用课余时间，分别和 1 名老师、1 名同学、爸爸或妈妈进行沟通，了解"他们眼中的我"。这里可以涉及"我"的各个方面，可以是你最想知道的或是对方觉得最有必要提及的等等，然后记录在下面的表格中。

	他人眼中的你	你觉得呢?
父亲		
母亲		
老师		
同学		

活动反思

1. 当你听到"他人眼中的你"时，你觉得和"我眼中的我"有什么差距？

------

2. 这种差距可以如何帮助你认识自己？

活动 9　周哈里窗

> 如果想要快速获得数据结果，请同学们进入生涯规划平台，或扫描封底二维码完成测评，丰富你的数字画像。

通过前面的学习，我们知道了什么是"周哈里窗"，它可以帮助我们更加客观地认识自己。现在就请同学们根据上一个活动中我们从他人那里获得的关于自己的反馈来填写自己的周哈里窗。

	自己知道的	自己不知道的
别人知道的	开放我	盲目我
别人不知道的	隐藏我	未知我

拓展学习

爱因斯坦是一名伟大的科学家，但是他小时候并不活泼，在 3 岁的时候还不太会说话，直到 9 岁时讲话还很不流畅。因此，其他小朋友总是笑话他。按照现在的观点，可能是语言发育迟缓。如果爱因斯坦因为其他小朋友笑话他而自卑，或许现在我们就不能享受到他的科学理念所带给我们的便利了。

因而，要仔细思考该如何对待他人的评价。重要的是要有一个积极的心态，对知识的渴求、对生活的积极会帮助我们走向积极的人生。

单元小结

本单元主要介绍了如何正确看待他人对自己的评价，并做出相应改进。

他人如何评价你？

根据他人的评价，你觉得你会做出哪些改进？

模块小结：自我评估

　　每一个人在他的教育过程中，一定会在某个时期发现，羡慕就是无知，模仿就是自杀。不论好坏，他都必须保持自我本色。虽然广袤的宇宙之间全是美好的东西，但除非他耕耘那一块属于自己的土地，否则绝不会有好收成。他所有的能力是自然界的一种新能力，除他之外没有人知道他能做什么，他都知道什么，而这些必须靠他自己去尝试。

——爱默生《自信》

　　通过本单元的学习，你对自己肯定有了一定的认识。那么，给自己画一个像吧。

我的兴趣？

我的性格？

我能力上的特长是什么？

我的价值观？

　　前面的学习让我对自己的兴趣、性格等方面有了更深的了解，在这个基础上，我期望自己未来成为：

歇后语、格言

认识你自己是一件重要的事，认识你自己也是一件难事。

当局者迷，旁观者清。我们很容易看清他人，却往往看不透自己。

人最容易走进的误区就是"得像别人一样"。

树立一个积极的"自己"，指引自己前行的方向。

模块二 我在哪儿——认识社会

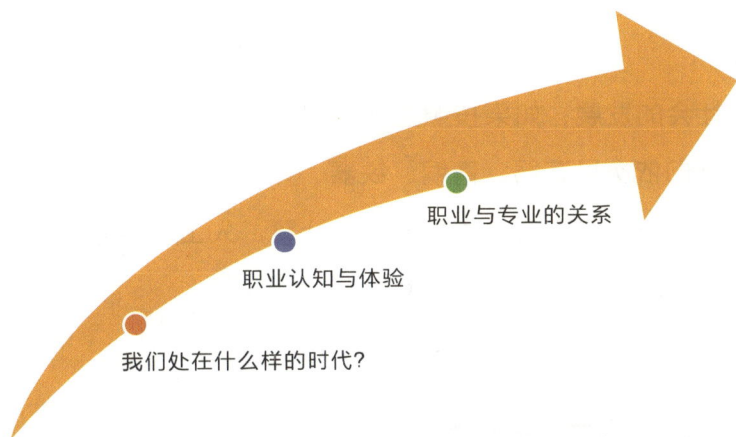

职业与专业的关系

职业认知与体验

我们处在什么样的时代？

模块导读

我们每一个人都处在特定的时代里，我们都是历史的见证者，任何人都不能离开所处的社会环境而独立存在。时代的发展变迁对我们每个人都会产生至关重要的影响，因此，我们要认识自己所处的时代背景，了解国家、民族与时代的需求，将个人的追求与国家的需求结合起来，顺应时代发展的潮流，积极投入其中，坚定理想信念，磨砺斗志，努力奋斗。本模块通过生动的案例、丰富的实践活动、实用的知识介绍以及拓展学习等形式，引导同学们去探索我们所处的时代，了解社会的需求，从而为未来专业的选择、职业愿景的确立提前做好准备。

单元一：我们处在什么样的时代

纵观人类社会的发展，如果按照生产工具划分的话，人类社会至今大约经历了 6 个时期，它们依次是石器、青铜、铁器、蒸汽、电气的时代，再到现在的信息化时代。当下，随着物联网、大数据、云计算、人工智能等科学技术的迅猛发展，未来我们可能会进入人工智能时代。

石器时代

石斧　　　　石犁

图 2-1　石器时代的工具

考古学对早期人类历史分期的第一个时代，即从出现人类到青铜器的出现，以石器为主要劳动工具（如图 2-1 所示），大约始于距今二三百万年，止于距今 5000 至 2000 年左右。

青铜时代

图 2-2　商代后母戊鼎

处于铜石并用时代之后，铁器时代之前，大约始于公元前 4000 年，止于公元初年。世界各地进入青铜时代有先有后。中国则在公元前 3000 年前掌握了青铜冶炼技术（如图 2-2 所示）。

铁器时代

是继青铜时代之后的又一个时代，它以能够冶铁和制造铁器为标志。在中国春秋战国时期，人们开始使用铁农具和牛耕并将其逐渐推广。汉代以后，铁犁牛耕成为我国传统农业主要的耕作方式（如图2-3所示）。

图2-3　东汉牛耕画像石[①]

蒸汽时代

开始于19世纪初，一直到第二次工业革命。在这个时期，资本主义的机器大革命开始出现，资本主义的世界体系开始初步确立。一种新的动力机器：蒸汽机的发明和应用，将人类带入了蒸汽时代（如图2-4、图2-5所示）。

图2-4　瓦特和他发明的蒸汽机（模型）[②]

图2-5　史蒂芬孙制造的火车机车[③]

电气时代

1866年，德国的西门子成功研发了发电机。随后，实际可用的发电机和电动机问世，集中供电的发电厂开始出现。输变电技术日趋完善，电灯、电话等电

---

① 《中国历史》，七年级上册，北京，人民教育出版社，2006：73.
② 《世界历史》，九年级下册，北京，人民教育出版社，2003：89-90.
③ 《世界历史》，九年级下册，北京，人民教育出版社，2003：89-90.

图 2-6　早期的电话

器产品纷纷涌现。人类的生产和生活方式有了很大的改变，由此进入了"电气时代"。（如图 2-6 所示）

信息时代

20 世纪 40 年代以来，人类在计算机、原子能、航天技术等领域取得了重大的突破，标志着新的科学技术革命的到来（如图 2-7 所示）。以互联网为代表的信息技术的迅速发展，极大地改变了人们的交往方式，人类进入到信息时代。（如图 2-8 所示）

图 2-7　世界上第一台计算机

图 2-8　互联网时代的通讯

人工智能时代

人工智能时代：人工智能（英文缩写为 AI）最初是在 1956 年的达特茅斯学会上提出的。经过 60 多年的演进，特别是在移动互联网、大数据、超级计算、传感网、脑科学等新理论新技术以及经济社会发展强烈需求的共同驱动下，人工智能加速发展，呈现出深度学习、跨界融合、人机协同、群智开放、自主操控等新特征[1]。人工智能的迅速发展将深刻改变人类社会生活、改变世界。人类未来

① 谭建荣.制造业与互联网融合的趋势和实践［J］.物联网学报，2018，2（04）：5-8.

可能会进入人工智能时代，我国早在 2017 年制定了《新一代人工智能发展规划》，来构筑人工智能发展的先发优势，抢抓这一重大战略机遇，从而加快建设创新型国家，打造世界科技强国。（如图 2-9 所示）

图 2-9　人工智能概念机器人

当今社会是一个怎样的时代？这是一个"新世界"撞击"旧世界"的时代，是一个日新月异的时代，是一个稍不留神就可能被淘汰的时代。古希腊哲学家赫拉克利特说："人不能两次踏进同一条河流。"在时间的长河中，环境和人都在变，社会对人的需求也具有不确定性。

亲爱的同学们，身处这样一个急剧变化的时代，要想不被急剧发展的社会淘汰，就需要迎合社会发展的大趋势，积极主动地投身其中，择己所长与择世所需相结合。你们做好准备了吗？

案例故事

5 年前的超市里，我们可能会看到很多的收银员和导购员，人们在结算货物的时候需要排起长长的队伍，使用现金进行支付。

后来，在超市人工收款处的一侧，出现了自助收银区，顾客既可以去人工收银台结算，也可以自己动手扫描商品、付款，不仅可以使用现金，还可以使用银行卡、支付宝、微信等进行支付，再也不用在收款台前排长长的队了。

现在，走在街头，一些 24 小时营业的"无人超市"映入我们的眼帘，没有传统超市人来人往的拥挤，不必在狭窄的货架中侧身从别人身边穿过，结账时也无需长时间等待，购物更加方便快捷。

知识链接

社会的发展变迁带来了职业需求的变迁

我们现在所处的时代瞬息万变、日新月异，与之相随的是职业需求的变迁，一些传统的职业会随着社会的发展而逐渐消失，同时也会产生一些新的职业。前不久，美国青年企业家委员会（YEC）提供的一份报告显示，未来 10 年，有 12 大行业可能不复存在，包括出租车、邮政、造纸、固定电话、手机、信用卡、钱包、电影院、CD、有线电视、快餐店员工以及零售健康保险中介等。经济合作与发展组织（OECD）曾经在一份报告中预判，现在还在中小学念书的孩子，他们未来可能从事的工作有六成都还没有诞生。随着人工智能、大数据、物联网、人工智能等科学技术的迅速发展，有研究者预测，现有的一些职业如司机、翻译、会计、记者、银行柜员、装配工等在将来也有可能面临失业的危险。在当下，许多传统的职业已经消失，比如抄写员、油印工、电报员；一些新的职业也在不断产生，比如理财规划师、职业规划师、数据科学家等。

面对不确定的未来，我们如何应对？

路人甲与鱼

路人甲来到一个地方，饥肠辘辘，渔夫给了他一条鱼吃。但从长远角度来看，只会吃现成的可不行，还得学会自己捕鱼，于是渔夫教他捕鱼的本事。又过了很长一段时间，河里的鱼不够吃了，但是河里还有虾、田螺等水产，于是他又学习捕捉其他水产的本领。又过了几年，河里的水产也都被捉没了，捕鱼的工具和技术已经没多大用处了，需要从过去捕鱼、虾等转变为养鱼、虾，成为水产养殖户。后来有一天，河流被污染了，水产灭绝，连水草也没有了，他就开始学习如何治理河流污染，让生态恢复平衡。（如图 2-10 所示）

路人甲的故事赋予了"授人以鱼不如授人以渔"新的含义。身处飞速发展与变化的时代，仅仅"授人以渔"还不够，还需要我们每个人跟随时代的发展变化

图 2-10　路人甲与鱼 ①

需求，不断学习、不断追求进步，学会生存、学会合作、学会创新，以应对未来的不确定性。

　　因此，我们进行生涯规划的时候，需要关注未来社会发展的大趋势，心怀天下，放眼未来，顺应时代发展的潮流，并积极主动地投身其中，将时代、社会、国家的需求与个人的追求、兴趣、能力等结合起来，学会统筹考虑。

🛡 实践活动

活动 10　消失的旧职业和新兴的职业大盘点

　　回家问问自己的爸爸妈妈、爷爷奶奶，最近 5 年有哪些职业消失了，又诞生了哪些新兴职业，做一个小调查吧！

---

① 张治，李永智，游明 ."互联网＋"时代的教育治理 ［M］.上海：华东师范大学出版社，2018.5.

如果你想把你的调查和思考的结果分享给同学或老师，或者想保存为一份电子数据，请同学们进入生涯规划平台，或扫描封底二维码，记录你的调查结果，你将会得到一份电子数据，并且可以保存和分享。

	消失的职业	新兴的职业
1		
2		
3		
……		

活动思考

1. 为什么这些年有些职业消失了，同时又不断涌现出这么多新兴职业？

2. 这些旧职业的消失和新职业的出现反映了社会怎样的发展变化趋势和人们生活的哪些需求？

3. 新旧职业之间的更替发展，对你未来进行职业选择时有哪些启示？

♪ 拓展学习

1.阅读国家最新出台的发展规划、纲要、方针、政策等，了解国家战略意图以及政府的工作重点。例如，《新一代人工智能发展规划》、"一带一路"倡议等。

2.关注一些官方的就业网站，了解最近有哪些新兴职业和招聘热点。如：中华人民共和国人力资源与社会保障部网站：http://www.mohrss.gov.cn/。

⚛ 单元小结

请用5个关键词来描述我们现在所处时代的特征：

身处这样的时代，我们该如何做，才能不被时代所淘汰？

单元二：职业认知与体验

在我们日常生活的周围，存在着许许多多可爱的人。他们中的大多数可能默默无闻，也很少出现在荧屏上或聚光灯下，也很少能得到鲜花和掌声，但是却用自己的力量维持了这个社会的运转。他们之中，既包括勇于探索、几十年如一日埋首科研的科学家，也有用鲜血与汗水守家卫国的军人们；既包括那些起早贪黑为城市美化辛勤付出的环卫工，还包括春种秋收、夏耘冬藏为我们供应稻米谷物、瓜果蔬菜的农民伯伯。当然，为我们遮风挡雨提供舒适环境的父母也在其中。这样的人还有很多很多，虽然他们职业不同，但是他们都在各自的岗位上敬业奉献着，如鲁迅先生所说的"有一分热，发一分光"。

同学们，你们了解他们吗？或者说了解他们从事的工作吗？请写出 3 个你认为对社会或者人类贡献最大的职业。

案例故事

小王是高三的学生，性格开朗，风趣幽默，平时学习非常认真踏实，善于交际，跟其他同学能够友好相处，给人的印象就是一个阳光大男孩。特别值得一提的是，他能写出一手好文章。随着高考的脚步日益临近，同学们在紧张的学习之余，也常常会在一起探讨未来想从事的职业。看到其他同学都在兴奋地讨论自己未来的职业梦想，小王在歆羡之余，心里不免有些低落，因为他虽然知道自己的兴趣和能力是在文字写作和人际沟通等方面，但是却不知道有哪些工作或职业与文字写作和人际沟通方面相关，也不知道这些相关的工作又有哪些要求。一想到这里，他就对自己的未来感到困惑和迷茫。（如图 2-11 所示）

图 2-11 何去何从

同学们，你们是否和小王一样，虽然知道自己的兴趣和能力所在，却不知道有哪些职业或行业种类与自己的能力、兴趣相匹配？或者虽然知道一些职业，但是却不清楚这些职业具体是做什么的，有哪些要求，又或者不知道通过哪些途径去了解这些职业。下面，就让我们一起开展职业探索吧！

知识链接

了解职业

1. 职业及分类

职业是参与社会分工，利用专门的知识和技能，为社会创造物质财富和精神财富，获取合理报酬作为物质生活来源，并满足精神需求的工作。按照《中华人民共和国职业分类大典》，目前我国将职业分为 8 个大类，它们分别是党的机关、国家机关、群众团体和社会组织、企事业单位负责人；专业技术人员；办事人员和有关人员；社会生产服务和生活服务人员；农、林、牧、渔业生产及辅助人员；生产制造及有关人员；军人；不便分类的其他从业人员等。

2. 行业及分类

行业是指从事国民经济中同性质的生产或其他经济社会的经营单位或者个体的组织结构体系。根据《国民经济行业分类》，我国的行业分类如下：农、林、牧、渔业；采矿业；制造业；电力、热力、燃气及水生产和供应业；建筑业；批发和零售业；交通运输、仓储和邮政业；住宿和餐饮业；信息传输、软件和信息技术服务业；金融业；房地产业；租赁和商业服务业；科学研究和技术服务业；水利、环境和公共设施管理业；居民服务、修理和其他服务业；教育；卫生和社会工作；文化、体育和娱乐业；公共管理、社会保障和社会组织；国际组织。（如图 2-12 所示）

图 2-12　不同的职业

3. 职业微视频

同学们想对职业有进一步的了解吗？可以扫描封底二维码或登录生涯规划平台，从平台上已有的表格（如下表）中选择自己感兴趣的职业，然后会自动链接到对应的职业微视频中。这些微视频精选每个职业的代表性人物进行访谈和总结，以"过来人"的眼光对职业进行剖析，视频短小精湛，浓缩着职业精华，每一个微视频就是一幅生动的职业图景，让我们得以站在前人的肩膀上看问题。

医生	教师	记者	演员	厨师
工人	护士	军人	司机	会计
公关人员	审计人员	销售代表	公务员	服装设计师
律师	网络工程师	播音主持	编导	企业行政人员
健身教练	电子工程技术人员	WEB 开发工程师	药剂师	检察官
水利工程技术人员	翻译	银行柜员	外贸人员	美编
平面设计师	编辑	建筑设计人员	游戏开发工程师	系统集成工程师
法官	保险精算师	证券分析师	广告设计师	理财规划师
出纳	采购员	物流管理人员	药品研发人员	生物工程技术人员
铁路技术人员	银行客户代表	产品经理	酒店管理人员	金融分析师
药品质检员	导游	软件测试工程师	茶艺师	讲解员
消防员	保安	园艺师	理发师	模特
推销员	警察	作家	画家	机修工
魔术师	快递员	售货员	救生员	运动员
飞行员	漫画家	科学家	主持人	音乐家
经纪人	外交官	客户服务人员	清洁工	钢琴师
兽医	作曲家	交警	饲养员	导演
编剧	演说家	摄影师	收银员	导购员
文秘	美容师	程序员	家政服务人员	验光师
店员	咨询顾问	培训师	股票交易员	电工

4. 职业资讯的获得

搜集职业资讯的途径有很多，比如我们既可以从各种书籍、网站、电视等媒介获得，也可以从父母亲朋以及资深从业人员那里获得，当然也可以通过实习、职业体验、实地参访考察等途径获得个人体验。通常情况下，我们将这几种方式结合起来，从而获得比较准确的职业资讯。（如图 2-13 所示）

图 2-13　搜集信息的渠道

当然，职业资讯的搜集也是有章可循的。一般来说，我们首先需要确定搜索的主题，也就是明确自己要搜寻的内容，然后依据这个内容，选择合适的工具或渠道，最后将搜集到的这些信息进行汇总并进行评估，从而获得一个比较客观、科学的职业认知。（如图 2-14 所示）

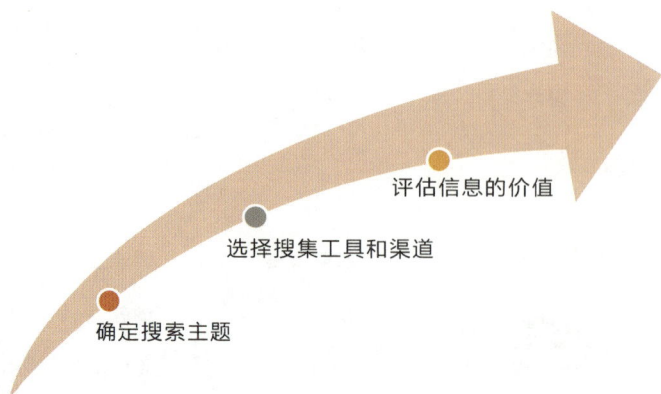

图 2-14　搜集职业信息的步骤

5. 职业与环境的关系

舒伯在 1990 年提出了生涯发展的拱门模式，阐释了环境与生涯规划的密切关系。在这个拱门模式中，最基础的底层有 3 部分，一侧为生理基石，主要是个体生理遗传基础，支持了个人心理特质的发展，如需求、价值、兴趣等；一侧为地理基石，主要是个人成长环境，包括学校、家庭、同伴团体、经济资源及劳动市场等社会范畴；中间则是两侧基石延伸交互熔铸的地基。不难发现，地理基石是指环境在个体的生涯发展和选择中占有不可替代的地位。

实践活动

活动 11　调查父母的职业

职业人物访谈就是通过访谈自己比较感兴趣的职场人士，来获取关于这份职业的相关信息，从而判断自己对这份职业是否真的感兴趣以及自己是否真的适合这份职业。实际上，职业人物访谈是一次快速、间接的职业认知形式。

> 如果你想记录并保存你的访谈报告，或者把你的访谈报告与父母、老师、同学们分享，请进入生涯规划平台，或扫描封底二维码进行填写，系统将会自动生成一份调查报告，可以下载保存并分享。

操作流程

第一步：寻找职业人物

根据自身的兴趣爱好、职业倾向、能力等，把自己未来想从事的职业列出来。可以是一个，也可以是多个。然后，通过学校、家长、亲人朋友等寻找从事这一职业的人物进行访谈。

第二步：拟定访谈提纲

根据意向的职业，在采访前拟定一下访谈提纲，提纲内容可参考以下内容：

职业信息方面	生涯经验方面
1. 工作性质、任务或内容	1. 个人教育或训练背景
2. 工作环境、地点	2. 职业选择的动机
3. 所需教育背景或经验	3. 生涯发展的历程
4. 所需个人资格或技能	4. 工作心得：乐趣和困难
5. 收入及福利待遇	5. 未来的规划
6. 工作时间和生活型态	6. 对后进者的建议
7. 相关就业机会	
8. 培训和升迁机会	
9. 未来发展前景	

第三步：预约并实地采访

确定好访谈人物和访谈提纲后，跟访谈人物预约好日期和地点。可以通过电话或者微信、QQ 等社交软件进行预约，在指定日期内开展访谈。访谈中要注意把控时间、善于倾听。

第四步：采访结束后，要通过合适的方式表示感谢

访谈结束后，除了当面致谢外，也可以通过电话、发送邮件等形式表示感谢。

第五步：撰写访谈总结报告，对访谈结果进行分析

访谈结束后，撰写人物访谈报告。除了记录访谈信息之外，还要将访谈获得的信息与自己之前对该职业的认识加以比较，看看是否存在偏差，认真总结和记录访谈的心得体会。访谈报告可参照图 2-15。

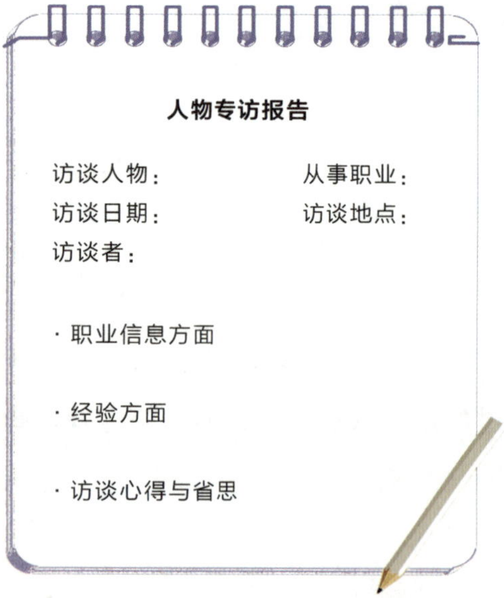

人物专访报告

访谈人物：　　　　　从事职业：
访谈日期：　　　　　访谈地点：
访谈者：

·职业信息方面

·经验方面

·访谈心得与省思

图 2-15　人物访谈报告

人物访谈注意事项

1. 访谈前，要做好充分准备。除了拟定访谈提纲外，还需要注意着装，态度要谦逊、大方，措辞用语要得体。

2. 在正式开始访谈前，要征求访谈人物的意见，是否可以对谈话进行录音或笔录。如果不允许，在访谈结束后要对一些关键内容进行及时补记。

3. 访谈要守时，一次访谈的问题不宜过多，一般 5 ~ 10 个，问题要简洁明了，中心明确。

4. 尊重访谈人物，注意保护好他们的个人隐私和信息安全。

5. 要足够重视，不走过场，能够通过访谈有所收获。

活动思考

1. 通过访谈，我对该职业的认识有什么变化？

----

2. 通过访谈，你有了什么新的想法？还想进一步了解的内容有哪些？

----

3. 作为高中生，现在可以为今后的职业生涯做哪些准备？

活动 12　绘制职业家族树

父母是我们的第一任老师，同时也是身为学生的我们了解这个社会的主要渠道之一。放学回到家里，问问自己的爸爸妈妈和亲朋好友都从事什么职业，

并了解一下他们对于自身职业以及社会的看法，绘制一棵职业家族树。（如图2-16所示）

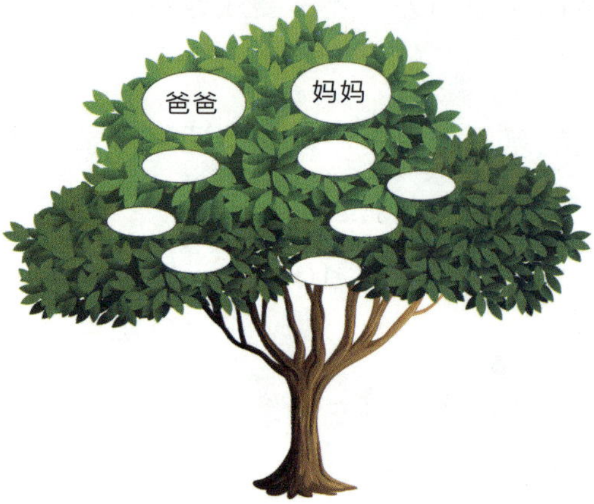

图2-16 职业家族树

如果你想把你的调查和思考的结果分享给同学或老师，或者想保存为一份电子数据，请同学们进入生涯规划平台，或扫描封底二维码，来绘制你的职业家族树吧。

活动思考

绘制完成后，请思考以下几个问题，并把相关回答填到题目后面的横线上。

1. 我家族中的人从事最多的职业是：_____

2. 我想从事这种职业吗？为什么？

_____

_____

3. 爸爸是如何形容或评价他的职业的？他还提到哪些职业？他希望你从事什么职业？

_____

_____

4. 妈妈是如何形容或评价她的职业的？她还提到哪些职业？她希望你从事什么职业？

_____

_____

5. 家人所从事的哪些职业是我感兴趣的，哪些是不会考虑的？

---

6. 如果让你现在选择一份职业，你在选择时最重视哪些因素？（在下面的圈里打钩，可多选，也可以根据下面提供的选项进行排序）

○兴趣爱好　　○能发挥自己的才能　　○专业对口　　○职业发展前景

○工作环境　　○薪酬待遇　　　　　　○社会价值　　○良好的人际关系

○工作容易找　○工作稳定　　　　　　○工作轻松　　○有较高社会地位

○其他：

活动 13　职业体验日

战国时，赵国名将赵奢之子赵括，年轻时学习兵法，谈起兵事来父亲也难不倒他。赵括后来接替廉颇为赵将，在长平之战中，只根据兵书来办，结果被秦军打败，40多万赵军尽被歼灭，赵括自己也被秦军箭射身亡。南宋诗人陆游曾有一首诗写道："纸上得来终觉浅，绝知此事要躬行。"这些告诉我们，要学以致用，知行合一，通过具体的体验活动来加深对职业世界的了解。

职业体验活动融合职业性与体验性，可以更好地发挥职业启蒙作用。职业性主要在于以专业为依托，在活动中培养学生的职业能力；体验性主要在于学生的亲身实践，切实感受职业的独特魅力。职业体验是生涯规划里非常重要的一环，可以让我们掌握与职业有关的第一手信息。通过职业体验，可以让我们对职业环境和职业内容有更深入的了解。同时，通过职业体验，可以让我们认识到自己知识、技能的不足，建立起自我发展的导向性认识，会使学习更具有目的性，也能锻炼处理实际事务的能力，把从学校学习到的理论知识放到职业体验中加以检验，更好地实现理论与实践的结合。

> 如果你想记录并保存你的职业体验报告，或者把你的体验报告与父母、老师、同学们分享，请进入生涯规划平台，或扫描封底二维码进行填写，系统将会自动生成一份体验报告，可以下载保存并分享。

职业体验日活动开展流程

第一步：汇集校内外等多方资源，找到可供体验的职业进行汇总；

第二步：根据自己的兴趣、爱好和条件，对可选职业或岗位进行申报。申报成功后，进行预约，在预约时间段里开展为期一天的体验。

第三步：在体验前，学习体验时的注意事项。例如以下几个方面：

- 要严格遵守职业体验单位的规章制度，听从带教人员安排，不迟到、不早退、不做与工作无关的事情；
- 要对自己的岗位负责，做事勤快，肩负起责任，做好自己的事情；
- 待人要谦虚、礼貌，虚心向前辈们学习，树立良好的个人形象；
- 注意个人仪表，不张扬个性，不着奇装异服，仪表要符合体验岗位的要求，整洁、得体、大方。

第四步：开展体验，并在体验完成后及时撰写体验报告，如图 2-17 所示。

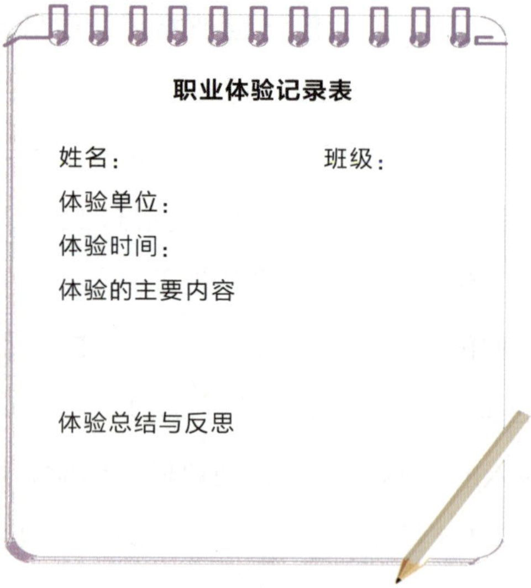

职业体验记录表

姓名：　　　　　　　班级：

体验单位：

体验时间：

体验的主要内容

体验总结与反思

图 2-17　职业体验记录表

第五步：体验完成后，给指导老师发一封电子邮件或者电话致谢。

补充：为了让体验活动有序、顺利开展，还需要做好职业体验活动应急预案，成立专门的应急机构，统一指挥、分级响应、岗位责任、互相配合、强化管理，避免意外事件发生。

活动思考

1. 通过体验，我对该职业的认识有何变化？

_____

_____

2. 胜任该工作，都需要哪些条件？

_____

_____

3. 我现在可以做哪些准备？

_____

_____

4. 还想进一步体验哪些内容？

_____

_____

职业体验日活动案例

正在读高二的小红心中有一个梦想，就是以后要做一名救死扶伤的白衣天使。但是对于医生这个职业不是特别了解，于是，在跟老师和家人商量后，她决定利用暑假时间去医院做志愿者进行体验了解。由于之前没有学过相关知识，也没有多少经验，在和医院商量后，医院让她负责一些简单的测量工作，即测血压、体温、体重等。起初，她觉得这些工作很简单，有信心做好。等到真正开始时，手心竟会不由自主地出汗，血压要测个三四遍才放心。看到面带焦虑的患者，她紧张得满脸通红。幸好有专业的医护人员在旁边指点，经过多次实践后，她终于不再紧张了，同时她也意识到了自己过去眼高手低的问题。闲暇的时候，她也会跟一些医生聊天，发现医院部门众多、分工细致，例如一场手术，要有主刀医生、至少一名助手、麻醉药师、器械护士和外围护士等，渐渐地小红意识到了团队合作的力量。在实习过程中，小红还看到一些患者因为担忧病情而言词不清，问诊的医生就会耐心地进行引导，对小儿患者更是耐心体贴，由此体会到做一名医生，不仅需要过硬的专业知识和技能，耐心和沟通能力也十分重要。一天下来，小红体会到了做医生的专业与责任，也感受到了他们不为人知的艰辛与压力，同时也更坚定了做一名白衣天使的信念。（如图 2-18 所示）

图 2-18　体验医生的角色

拓展学习

1. 现在电视上有很多兼具娱乐性和专业性的求职服务类（或职场真人秀）节目，聚焦职场百态和行业热点，同学们在学习之余，可以根据自己的兴趣爱好选择观看。这也可以在一定程度上帮助同学们了解职业信息。

2. 利用假期时间，去爸爸妈妈工作的地方待上一天，多注意观察，把所见、所闻、所感记录下来，重点了解岗位、行业、工作内容和职责，以及岗位的招聘要求等内容，写一份属于自己的独特的体验报告。

单元小结

实践出真知。本单元主要提供了一些探索职业的方法和途径，帮助同学们通过具体的体验活动加深对职业世界的了解。通过将搜集到的职业信息同具体的体验活动结合起来，可以帮助同学们更好地了解职业世界，从而做出更好的选择。

请同学们用几分钟时间完成下图内容，再回顾一下你的体验经历吧！

我体验的职业是：

我体验的主要内容有：

我体验的单位是：

体验职业时，我需要注意什么？

通过体验，我最大的收获是：

单元三：职业与专业的关系

> 大多数的人就像是落叶一样，在空中随风飘荡、翻飞、荡漾，最后落到地上。一小部分的人像是天上的星星，在一定的途径上走，任何风都吹不到他们，在他们的内心中有自己的引导者和方向。
>
> ——赫尔曼·黑塞《流浪者之歌》

如果用职业（志业或者说事业）和专业的关系来理解赫尔曼·黑塞这句诗的话，专业则代表着实现梦想的一种途径，职业（志业或者说事业）愿景就是我们心中那个带领我们实现自我价值和社会价值的引导者和奋斗方向。同学们，你们内心深处有自己的引导者和方向了吗？你对即将踏上的"征途"了解吗？你是选择做一个随风飘荡的落叶，还是选择有坚定方向的星星呢？

📖 案例故事

李雷是一名刚参加完高考的高三学生，平时成绩优异，性格活泼开朗，乐于助人，善于与人沟通，且做事很有耐心。作为英语课代表，经常协助英语老师开展教学、管理等工作，对教师这一职业非常喜欢。他结合自己的实际情况，并跟老师和父母沟通后，觉得自己将来应该从事英语教师职业。过了一段时间，高考成绩公布了，李雷的成绩非常优秀。不过，李雷却有点高兴不起来，因为他虽然想从事英语教师职业，不过他现在还不是很清楚教师这一职业有哪些对应的大学和专业可供自己选择。随着志愿填报日期的日益临近，李雷心里很着急，想找个人求助。（如图 2-19 所示）

图 2-19　我该如何选择

假如你是李雷的好朋友，他向你求助，你会给他哪些建议？

🔗 知识链接

随着我国高考录取率不断提高，高中毕业后进入大学学习的人也越来越多。许多同学在选择专业时一般会受到家长、社会热门专业等因素的影响，很少从自身的能力、兴趣等去考虑，这就会影响以后在大学学习时的积极性和主动性，甚至会影响未来的就业和职业的选择。其实，取得专科或本科学历并不是我们考大学的唯一目的，关键是选择一个自己感兴趣并有利于职业发展的专业。

【专业】

专业是高等学校的一个系里或中等专业学校里根据学科分工或生产部门的分工把学业分成的门类。专业具有针对性和实效性。根据教育部最新颁布并实施的《普通高校学校本科专业目录（2020 年）》，我国大学本科学科门类共 12 个，分别是哲学、经济学、法学、教育学、文学、历史学、理学、工学、农学、医学、管理学、艺术学。

【职业】

职业是指一个人所从事的具体工作的种类。也有人定义"职业＝行业＋职位

（或职能）"。职业不仅是个人理想的实现，也是个人物质需求和精神需求的双重满足。职业是建立在一技之长的基础之上的，是具有专门技能的工作。一种职业应该体现从事该职业的人员的经济状况、文化水平、行为模式、生活方式、社会地位、社会影响力、社会价值等多个方面。职业具有社会性、经济特性和技术特性。

【 职业与专业之间的关系 】

专业与职业相匹配是最理想的状态，而在现实生活中，职业与专业并非完全一一对应，而是呈现出多种相关关系。主要有以下几种：

- 一对一：主要是指一个专业方向对应一个职业目标，培养目标比较明确。此类职业的技术含量比较高，这类专业和职业一般都适合于专业技术人员。比如，烹饪专业毕业生在毕业后最合适的是成为一位名厨。

- 一对多：主要指一些宽口径、厚基础的专业，对应的职业目标可能有多个。比如，中文专业的毕业生既可以从事文学创作活动，也可以去出版社做编辑，进学校做老师，去媒体做记者，去企业做文秘，还可以从事文案策划、宣传、销售等工作。

- 多对一：这种职业多属于管理型的职业。以记者这个职业为例，现在媒体这么发达，记者的岗位也分类更细化了，比方说法律类新闻报道、经济类期刊专栏，而这些工作内容都需要记者有相应的专业知识做铺垫，所以除了记者的资深专业，也就是新闻类专业和中文类专业之外，像法律专业、经济学专业等都可以去应聘记者的职业。

【 正确看待热门专业与冷门专业 】

同学们在选择专业时，一定要合理看待冷门专业和热门专业。专业本身并没有好坏之分，只有适合和不适合的区别。冷门专业就业时未必"冷"，热门专业就业时也未必"热"，冷与热只是相对而言（如图 2-20 所示）。比如热门专业一方面未必适合自己，另一方面也容易出现扎堆现象，造成就业时"供大于求"，反而影响就业率。相反，冷门专业由于选择的人少，反而供不

图 2-20　热门和冷门的对比

应求，就业率很高。因此，同学们在选择专业时，要综合考虑个人因素（兴趣爱好、能力特质、职业愿景等）、家庭因素（父母家人的期望与建议、家庭经济状况等）和社会因素（社会需求情况），理智决策，树立正确的择业观和就业观。

🛡 **实践活动**

活动 14　职业——专业连连看

　　通过学习，相信同学们现在对职业与专业之间的关系有了初步了解。下面，请进入生涯规划平台，或扫描封底二维码，做一个职业与专业连连看的小游戏，帮助我们加深对两者之间关系的认识，从而为未来选择专业和职业打下一定的基础。

　　左边一栏中所列的各个专业，可以从事右边一栏中的哪些职业呢？请同学们连一连。

专业	职业
学前教育	律师
英语	幼儿园老师
心理学	翻译员
新闻传播学	人民调解员
金融学	中小学教师
汉语言文学	记者
临床医学	证券分析师
法学	医生
建筑学	建筑设计师
电子信息工程	金融分析师
土木工程	电子工程师
数学	软件工程师

活动思考

1. 通过上述活动，你认为专业与职业有什么样的关系呢？

----

2. 你未来想要从事的职业都需要什么专业？

拓展学习

可以在课后登录教育部官方网站查询《普通高等学校本科专业目录（2012年）》，里面会有具体的专业分类情况，还可以查阅《中华人民共和国职业分类大典（2015年修订版）》，看看目前我国关于职业的分类情况。

✧ 单元小结

认清职业与专业之间的关系，是中学生必须面对并需要解决的重要问题。每一种职业都有职业技能要求，而高等学校或中等职业技术学校的专业教育就是为了以后从事职业准备好相应的技能。作为一名高中生，如果有自己感兴趣的职业，那么通过职业体验和职业前景分析后，也必须要思考自己需要怎样的专业教育才能达到目标职业所需的技能或教育背景要求。

动动手指，用几分钟时间完成下面的表格，检测一下本单元的学习成果。

我想从事的职业对应的专业有：

我想从事的职业和我想攻读的专业之间的对应关系是：

它们的发展前景如何？

我现在需要做哪些准备？

模块小结：自我评估

　　通过本模块的学习和体验，相信同学们对我们所处的社会及未来的职业需求有了一定的了解。我们今天所处的社会是不断发展变化的，日新月异，令人目不暇接。因此，作为社会主义事业的建设者和接班人，我们每一位同学都要顺势而为，主动迎合社会发展的大趋势，将个人的追求与民族国家、时代的需求结合起来，择世所需与择己所长结合起来，将专业的选择与未来的职业相匹配，从而为实现伟大复兴的中国梦而不懈奋斗。

　　动动手指，完成下面的图表，检测一下本模块的学习成果。

通过搜集资讯和实际体验后，结合个人特质和社会需求，我初步确立的职业愿景是：

如果想胜任这份职业，还需要具备哪些条件？

该职业对应的专业有：

我现在可以做哪些准备？

歇后语、格言

想要全面认识自己，就要做一个有心人，反省言行，不断总结自己。

尊重他人对我们的态度与评价，不轻视、不盲从。

知人者智，自知者明。

欲穷千里目，更上一层楼。

模块三

我向何处去——为理想做准备

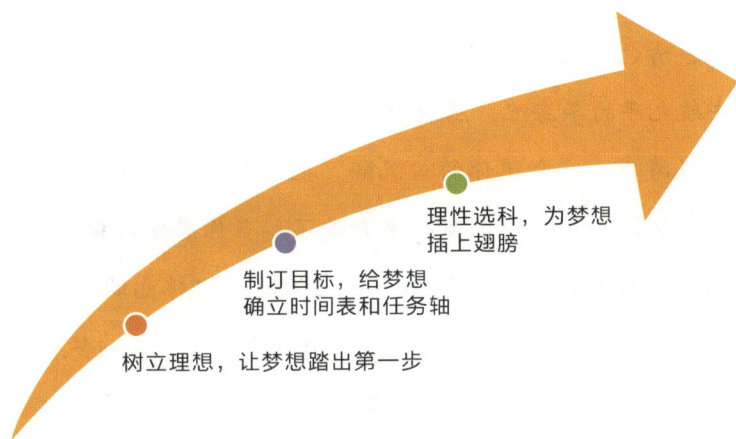

理性选科，为梦想
插上翅膀

制订目标，给梦想
确立时间表和任务轴

树立理想，让梦想踏出第一步

模块导读

"我向何处去"是对人生未来之路的思考，是导引人生的明灯。本模块将通过一系列的活动带领你树立自己的理想，并为理想制订目标，同时根据现在的高考政策确立学科，为理想做好充分准备。

单元一：树立理想，让梦想踏出第一步

梦会开出花来的，梦会开出娇妍的花来的：去求无价的珍宝吧。在青色的大海里，青色的大海的底里，深藏着金色的贝一枚。你去攀九年的冰山吧，你去航九年的旱海吧，然后你逢到那金色的贝。它有天上的云雨声，它有海上的风涛声，它会使你的心沉醉。把它在海水里养九年，把它在天水里养九年，然后，它在一个暗夜里开绽了。当你鬓发斑斑了的时候，当你眼睛蒙眬了的时候，金色的贝吐出桃色的珠。把桃色的珠放在你怀里，把桃色的珠放在你枕边，于是一个梦静静地升上来了。你的梦开出花来了，你的梦开出娇妍的花来了，在你已衰老了的时候。

——戴望舒《寻梦者》

案例故事

从天方夜谭到商业神话，今天的阿里巴巴对人们而言早已不陌生。

1994 年，还在当翻译的马云到美国出差，第一次见识到了互联网。据马云所讲，他第一次输入 beer，电脑网页上面有美国的、德国的、日本的，唯独没有中国的；他又输入 China，没有任何数据，这件事大大地刺激了马云。回国后，1994 到 1998 年间，他先后在杭州创办了"中国黄页"和"对外经贸网站"，1999 年在杭州创办了电子商务网站——阿里巴巴。马云目标很明确，如今看来也很有远见，他将阿里巴巴定位为国际站点，希望 2002 年成为上市公司。可事实并不如他所想的那么简单，诸如没人信他所说的话等一系列困难使阿里巴巴从一开始就举步维艰。但是后来，阿里巴巴于

2014 年 9 月 19 日在纽约证券交易所上市。2018 年 12 月，阿里巴巴入围 2018 世界品牌 500 强。

许多年前，人类才刚刚掌握电力，刚刚学会飞行。那时的人们怎么也不会想到，大气层并非人类最高的疆域；那时的人们怎么也不会想到，今天一个手机芯片的计算能力是当年全世界的总和。多年后，世界会怎样，我们又会怎样，这个关于梦想的故事，又将怎样出现在未来。既然说到梦想，那么你的梦想又是什么？

🔗 知识链接

谈到梦想，我们会长风破浪，步月登云。但如果谈及理想，大多数人会思考一番。可能理想相比于梦想更加现实一些。当我们知己——了解了自己的兴趣、性格、价值观和能力，同时又知彼——知道了社会对我们的需求之后，便可以尝试着确立自己的理想，为理想的实现做准备。

理想是什么？

理想是你要成为怎样的人，是要过怎样的人生；理想是你对未来事物的美好憧憬；理想可以很宽泛，也可以很具体。例如，有些人的理想是当一名科学家，有些人的理想是过得幸福。理想也有远近，有未来 50 年后的理想，也有近几年的理想。理想是经过努力可以实现的。因而，有理想的人生就像有了指路明灯。

为理想做准备

《孙子·谋攻篇》里有这样一句话："知彼知己，百战不殆；不知彼而知己，一胜一负；不知彼，不知己，每战必殆。"在我们做出理想决策之前，要认识自己所想、了解社会现状，为理想的决策做好铺垫。

理想的实现可以依靠职业来实现，在理想决策之前，我们需要考虑以下几点：（1）考虑自己的价值观、性格、特长和兴趣。因为做自己所擅长的，更容易实现；（2）要考虑到实际情况，并具有可执行性。或许我们有一个很远大的理想，但是在实际情况里，更要有所积累，脚踏实地；（3）理想决策要有持续性。这不是阶段性的目标，而是一系列阶段性目标贯穿你的人生。

决策风格

决策是你所做的决定以及做决定的过程。美国职业生涯专家斯科特（Scott）和布鲁斯（Bruce）认为决策风格是通过后天的学习逐渐形成的，并将决策风格划分为理智型、直觉型、依赖型与回避型。理智型的决策者会经过慎重的、系统的深思与分析来判断问题。直觉型的决策者会快速地以自己的感觉进行判断，如果遇到问题也会快速改变决策。依赖型的决策者会经常询问他人的指导，参考别人的建议。回避型的决策者往往会很拖延，面对问题也会先产生焦虑，往往手足无措，不知道该怎么办。

精心设计每一步

理想是一系列阶段性目标的集合。每个阶段性目标之间又是起承转合，如果你对自己的理想规划得好，仿佛在写一篇优美的故事。因而，每个目标之间是相互影响的。所以对于理想的实现，我们要精心设计好每一步。

理想的实现要将理想拆解，也要给理想的实现加上时限。这样，才能让理想的实现有迹可循。

实践活动

活动 15　生涯幻游：我的人生目标

> 如果想要快速获得数据结果，请同学们进入生涯规划平台，或扫描封底二维码，丰富你的数字画像。

你有没有想象过 20 年后的自己是什么样子？未来的生活又会是什么光景？让我们去未来世界，看一看那个想象中的自己会是什么样的。

生涯幻游①

让我们一起坐在时光隧道机，来到 20 年后的世界，请算一算，此时你是多少岁？容貌有变化吗？

想象一下，现在你正躺在家里卧室的床铺上。这时候是清晨，和往常一样，你从睡梦中醒来，先看到的是卧室里的天花板。看到了吗？它是什么颜色？接着，你准备下床。尝试去感觉脚趾接触地面那一刹那的温度，凉凉的？还是暖暖的？经过一番梳洗之后，你来到衣柜前面，准备换衣服上班。今天你要穿什么样的衣服上班？穿好衣服，你看一看镜子。然后你来到了餐厅，早餐吃的是什么？一起用餐的有谁？你跟他们说了什么话？

接下来，你关上家里的大门，准备前往工作的地点。你回头看一下你家，它是一栋什么样的房子？然后，你将搭乘什么样的交通工具上班？你快到达工作的地方，首先注意一下，这个地方看起来如何？好，你进入工作的地方，你跟同事打了招呼，他们怎么称呼你？你还注意到哪些人出现在这里？他们正在做什么？你在你的办公桌前坐下，安排一下今天的行程，然后开始上午的工作。早上的工作内容是什么？跟哪些人一起工作？工作时用到哪些东西？很快地，上午的工作结束了。中餐如何解决？吃的是什么？跟谁一起吃？中餐还愉快吗？

接下来是下午的工作，跟上午的工作内容有什么不同吗？你在忙些什么？快到下班的时间了，或者你没有固定的下班时间，但你即将结束一天的工作，下班后你直接回家吗？或者要先办点什么样的事？或者要做一些什么其他的活动？到家了。家里有哪些人呢？回家后你都做些什么事？晚餐的时间到了，你会在哪里用餐？跟谁一起用餐？吃的是什么？晚餐后，你做了些什么？跟谁在一起？睡觉前，你正在计划明天参加一个典礼的事。那是一个颁奖典礼，你将接受一项颁奖。想想看，那会是一个怎么样的奖项？颁奖给你的是谁？如果你将发表得奖感言，你打算讲什么话？该是上床的时候了，你躺在早上起床的那张床铺上。你回忆一下今天的工作与生活，今天过得愉快吗？是不是要许个愿？许什么样的愿望？

渐渐地，你很满足地进入梦乡。睡吧！一分钟后，我们渐渐地回到这里，还记得吗？你现在的位置不是在床上，而是在这里。然后，你慢慢地醒过来，静静地坐着。

---

① 吕慧艺．生涯幻游：预见二十年后的自己［J］．中小学心理健康教育，2017(27)：47.l.

请深吸一口气，慢慢地回顾刚才幻游中的画面，在刚才这段时间里，有哪些画面让你印象最为深刻，请你用绘画或文字在下面的文本框中进行描绘。

幻游回想

1. 我看到的天花板的颜色是：_____

2. 我感觉到的地板的温度是：_____

3. 我今天穿的衣服是：_____

4. 我早餐吃的是：_____

5. 我的房子是：_____

6. 我的交通工具是：_____

7. 我的工作环境是：_____

8. 我上午的工作内容是：_____

9. 我中饭和谁一起吃：_____

10. 我下午的工作内容是：_____

11. 我下班后的活动是：_____

12. 我晚餐和谁一起吃：_____

13. 我晚餐后的活动是：_____

14. 我觉得今天的工作和生活：_____

15. 我睡前许的愿望是：_____

我的人生反思：

_____

_____

_____

_____

活动 16   我现在的人生目标

> 了解了自己的兴趣、性格等各个方面，体验了感兴趣的职业，那么就请简单填写你的人生目标吧。请进入生涯规划平台，或扫描封底二维码，完成本活动。

请在下面的框中，将你现在的人生目标详细地描述出来，作为你和自己的人生约定。

我现在的人生目标

我所看中的：

对于未来的生活，我最看重什么？

_____

_____

我看重的这样东西，能为我带来什么？

_____

_____

所预见的未来：

为了我所看重的东西，我觉得我未来可能会怎样？

_____

_____

活动 17   我的决策风格

> 如果想要快速获得数据结果，请同学们进入生涯规划平台，或扫描封底二维码完成本活动，丰富你的数字画像。

请回顾你在之前的决策过程中考虑了哪些因素？

决策场景	需要考虑的因素		
	自我	他人	社会

我是什么决策风格？

_____

_____

🎣 拓展学习

　　帮助人们做出决策的方法有很多种，SWOT 分析就是其中一种，可根据结果制定计划和对策等，分析研究对象的内外部优势、劣势、机会和挑战。如图 3-1 所示，把各种因素相互匹配起来加以分析，从中得出决策。SWOT 分析法各个字母分指的是：S（strengths）是优势，W（weaknesses）是劣势，O（opportunities）是机会，T（threats）是威胁。

优势	机会
劣势	威胁

图 3-1　SWOT 分析模型

⚛ 单元小结

　　本章主要帮助学生进行职业规划、介绍决策风格。正确的决策，可以让梦想开出美丽的花朵。

我打算从事的职业是：

我在做决定时，往往采取的决策风格是：

单元二：制订目标，给梦想确立时间表和任务轴

梦想不是虚无缥缈的东西，而是可以落地生根的花朵。规划我们自己的目标，把一个大的梦想脚踏实地地实现，会让你的人生变得越来越圆满。

案例故事

传闻在唐代，有一匹马和一头驴子。这匹马被唐僧选中陪他去取经。多年后，这匹马驮着佛经回到长安时，向驴子说起这次旅途中的经历：沙漠、山峰、火山等各色奇观，驴子听了大为惊诧。

驴子表示相当羡慕，马说："你和我经过了一样的岁月，当我启程前进的时候，你也一刻没有停步。可不同的是，我和唐僧有一个遥远的目标，并朝着这个目标前进，所以沿路看到了很多不同的景色。而你一直围着磨盘打转，所以永远也走不出狭隘的天地……"（如图3-2所示）

图3-2　马和驴子

马和驴子最大的差别就在于目标的不同，最终导致了结果的不同。现代管理学之父彼得·德鲁克曾说过："目标并非命运，而是方向。目标并非命令，而是承诺。目标并不决定未来，而是动员企业的资源与能源以便塑造未来的那种手段。"

🔗 **知识链接**

你会如何为自己铺设一条通往理想生涯目标的路径呢？就像登山者，为了攀越顶峰，需要步步为营。这条道路上我们不仅要明确理想与现实的差距，还要抵御行进途中的诱惑。关于理想的修行是谓"苦"，但路行前方也是"甜"。

舒伯的生涯发展阶段理论

舒伯提出了生涯发展阶段理论，这是一种纵向职业指导理论，个人的职业倾向和职业选择是一个持续的过程，将伴随我们一生。他将人的职业生涯划分为5个主要阶段，即成长阶段、探索阶段、确立阶段、维持阶段和衰退阶段。[①]

阶段	特征
成长阶段（0～14岁）	在成长阶段，儿童会意识并建立"自我"的概念，此时对职业会很好奇，并逐步有意识地培养和职业相关的能力。这个阶段具体分为3个成长期： a 幻想期（10岁之前）：儿童从外界感知到许多职业，对于自己觉得好玩和喜爱的职业充满幻想并进行模仿； b 兴趣期（11～12岁）：以兴趣为中心，理解、评价职业，开始做职业选择； c 能力期（13～14岁）：开始考虑自身条件与喜爱的职业是否相符合，有意识地进行能力培养。

---

① 钱静峰，黄素菲. 大学生生涯发展与规划［M］. 西安：世界图书出版西安有限公司，2015：17-19.

续表

阶段	特征
探索阶段 （15～24岁）	在探索阶段，人主要通过学校学习进行自我考察、角色鉴定和职业探索，完成择业及初步就业，也可分为3个时期： 　　a 试验期（15～17岁）：综合认识和考虑自己的兴趣、能力与职业社会价值、就业机会，开始进行择业尝试； 　　b 过渡期（18～21岁）：正式进入职业，或者进行专门的职业培训，明确某种职业倾向； 　　c 尝试期（22～24岁）：选定工作领域，开始从事某种职业，对职业发展目标的可行性进行实验。
建立阶段 （25～44岁）	在建立阶段，人会获取一个合适的工作领域，并谋求发展。这一阶段是大多数人职业生涯周期中的核心部分。 　　a 尝试期（25～30岁）：个人在所选的职业中安顿下来。重点是寻求职业及生活上的稳定； 　　b 稳定期（31～44岁）：致力于实现职业目标，是个富有创造性的时期。职业中期危机阶段可能会发现自己偏离职业目标或发现了新的目标，此时需重新评价自己的需求，处于转折期。
维持阶段 （45～64岁）	在维持阶段，人会探索新的技能，以获得的成就和社会地位，维持家庭和工作两者间的和谐关系，寻找接替人选。
衰退阶段 （65岁以上）	在衰退阶段，人会开始寻求不同的方式满足需要，减少在工作上的投入，逐渐退出职业生涯，享受退休后的生活。

利用 SMART 原则管理目标

SMART 原则（S=Specific、M=Measurable、A=Attainable、R=Relevant、T=Time-bound）是在实施目标管理时，为了能够更加高效地工作，可以采取的目标考核标准。SMART 原则分为 5 个标准：

S 代表的是具体的行为，是考核时特定的工作指标；

M 代表的是可度量的，指的是有参照的依据；

A 代表的是可实现的，指的是目标在自己的努力下可以实现的；

R 代表的是相关性，指的是目标与其他目标是相关联的；

T 代表的是有时限的，注重完成目标的时间。

目标是有远近的

一般来说，一个人一生的目标是很远大的。为了实现这个大目标，我们不必一口气吃成胖子。我们可以把长远的目标划分为多个阶段，再为每个阶段确立一个小目标（如图 3-3 所示），目标一旦达到，就给自己一些奖励和积极的反馈，这样会让我们专心致志。

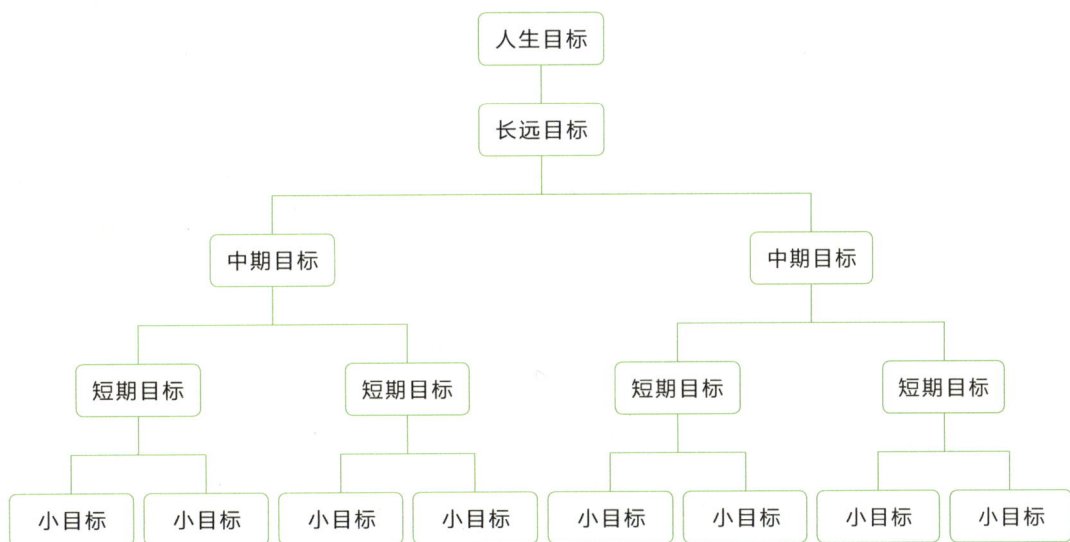

图 3-3　目标分解图

这个世界上最难的事情在于坚持，最容易的事情也在于坚持。我们不需要把个人的目标定得太长远，只需要设置得"相对"远一些就可以，这个度要根据我们个人的情况而定。看得太远，未必就好。最重要的是我们应该着手去做身边该做的事，能做到的事，然后一步一步走近长远的目标。

实践活动

活动 18   每月一录

时间会带来不一样的生活感想，请每月都录一段生活感言，可以是你新的感悟，可以是你的目标……请进入生涯规划平台，或扫描封底二维码完成本活动，丰富你的数字画像。

活动 19   你的长期目标

你的长期目标是什么？请进入生涯规划平台，或扫描封底二维码完成本活动，丰富你的数字画像。

请你认真思考并填写下表，为了实现你的人生目标，你需要在一生中完成哪10件最重要的事情。

这一生希望完成的十件事

☐　　　　　☐　　　　　☐

☐　　　　　☐　　　　　☐

☐　　　　　☐　　　　　☐

☐

活动 20   目标分解表

一口吃不成胖子。为了更有效地实现目标，请对自己的目标进行分解吧。请同学们进入生涯规划平台，或扫描封底二维码完成本活动。

短期思索：高中 3 年之后，"我"该何去何从？升学、就业或者自主创业？

我的目标	在 × × 年前完成

中期思索：未来从事何种职业？

我的目标	在 × × 年前完成

长远思索：去叩问和追寻人生的终极意义所在。

我的目标	在 × × 年前完成

拓展学习

　　知识更迭速度自技术的不断变革已经达成了质的变化。随着社会对知识的不断汲取，随之应运出一种知识型人才——斜杠青年。他们并不满足于单一的职业身份，而是根据自己的兴趣爱好，挑战更多元的工作。他们不受限于家庭或物质，而是通过自己的能力获得成功。目前，我们对未来职业的预判和可能并不是很准确，不如多对自己投资，积累知识，让自己变得更加有能力。

单元小结

　　本章主要帮助完成目标规划。目标可能很宏伟，但目标可以变成小目标来完成。最重要的是认清自己的目标，规划自己的目标。

我的目标是什么？

我如何规划我的目标？

单元三：理性选科，为梦想插上翅膀

新高考改革之后，选科成了考生关注的焦点所在。因而，教育部下发了《普通高校本科招生专业选考科目要求指引（试行）》，对每个具体专业提出了可选科目和选考要求，为高校专业选科给出官方指南。

案例故事

古希腊哲学大师苏格拉底的 3 个弟子曾求教老师，怎样才能找到理想的伴侣。苏格拉底没有直接回答，而是让他们走麦田埂，只许前进，且仅给一次摘一支麦穗的机会。

第一个弟子走几步看见一支又大又漂亮的麦穗，高兴地摘下了。但他继续前进时，发现前面有许多比他手中的那只更大的，只得遗憾地走完了全程。

第二个弟子吸取了教训，每当他要摘时，总是提醒自己，后面还有更好的。当他快到终点时，才发现已经没有机会了。

第三个弟子吸取了前两位的教训，当他走到 1/3 时，即分出大、中、小 3 类，再走 1/3 时验证是否正确，等到最后 1/3 时，他选择了属于大类中的一支美丽的麦穗。虽说，这不一定是最大最美的那一支，但他满意地走完了全程。（如图 3-4 所示）

人生在世，有很多选择摆在你的面前。选择前慎重，选择时果断，选择后淡定。这个世界上并不存在完美的选择，我们不能因为一时得意而沾沾自喜，更不

图 3-4　你眼前的麦穗

能因一时失败而郁郁寡欢。因为，前面的路会有很多选择，请不要轻易抛弃你手中的这个麦穗。

知识链接

不同的专业需要不同的学科知识

如果你想报考一所心仪的学校，选择一个心仪的专业，还需要参考这个高校专业对选科的要求。不同专业的可选科目和选考要求有所不同，且各有特点。一般来说，专业培养与某一选考科目必然存在关联，所以当我们选择专业的时候，还需要根据自己的情况，选择正确的科目完成学业。

例如，在上海地区的高校根据不同学科专业培养需求，对 6 门等级考科目中设置了选科要求。2017 年，上海共有 37 所本科高校、1096 个专业，其中有 655 个专业没有具体提出学科要求，441 个提出了要求。一般来说，物理、机械、电子通信等会对物理学科有要求，化学、材料类专业对化学学科有要求，中文、社会类专业对历史有要求。各个高校也会根据自己的学校培养情况，设置一定的需求。所以，在选择学科时，要参考专业对学科的要求和高校对学科的设置。

特别值得注意的是，当我们在查阅教育部官方给出的高校各招生专业的选科要求指引等文档时，这只是我们选择的一种依据，更详细的内容仍然要根据自己所在省市或心仪的大学的选考科目为准。

专业对身体素质的要求

在高考填报的时候，有些专业对身体素质和生理条件会有限制。往往在填报的时候，学生因没有重视这个因素而吃亏。例如，斜视、嗅觉迟钝、口吃不宜就读医学类专业；裸眼视力任何一眼低于 5.0 者，飞行技术、航海技术等专业可不予录取；国际关系学院体检会对学生的身高、体重以及视力等有要求限制。因而，学生在选择专业的时候还需要考虑自己的身体素质是否能够达到专业的要求。

🛡 **实践活动**

活动 21　你的选科是什么？

学科可以为你以后的职业打下知识的基础，那么请进入生涯规划平台，或扫描封底二维码，填写你对未来读大学和专业的想法。

1. 你以后想读的学校是？

_____

_____

2. 你以后想选的专业是？

_____

_____

3. 为了选择这个专业，你需要选择的科目是？

_____

_____

活动 22　你的理想学校与专业能实现吗？

你的理想学校与专业能实现吗？请同学们进入生涯规划平台，或扫描封底二维码完成本活动，丰富你的数字画像。

1. 你觉得你这几个科目的成绩如何？能够支撑你考上理想的学校和专业吗？

2. 请和你的生涯导师沟通你的选科方向，参考他们的意见，明确自己今后想读的大学和专业，并为自己的理想打下坚实的基础。

拓展学习

学会自我成长

英国伦敦威斯敏斯特教堂竖立着一座很普通的无名墓碑，墓志铭上的文字发人深省："当我年轻的时候，我的想象力从没有受到过限制，我梦想改变这个世界。当我长大以后，我发现我不能改变这个世界，我将目光缩短了些，决定只改变我的国家。当我进入暮年后，我发现我不能改变我的国家，我的最后愿望仅仅是改变一下我的家庭。但是，这也不可能。当我躺在床上，行将就木时，我突然意识到：如果一开始我仅仅去改变我自己，然后作为一个榜样，我可能改变我的家庭；在家人的帮助和鼓励下，我可能为国家做一些事情。然后谁知道呢？我甚至可能改变这个世界。"

自我成长是一件难事。"长大"不只是拥有了能力，而是继续学习，融入这个社会，学会挑战更多的能力。

单元小结

　　现在的高考政策下产生了选科，不过这并不影响我们全面发展的欲望，我们依然可以不断增长自己的能力。本章主要帮助学生了解选科，确定自己的能力能够报上理想的专业，并为之而努力。

我的选科是？

我的目标学校与专业是什么？

模块小结：自我评估

　　青春不是年华，而是心境；青春不是桃面、丹唇、柔膝，而是深沉的意志，恢宏的想象，炙热的恋情；青春是生命的深泉在涌流。青春气贯长虹，勇锐盖过怯弱，进取压倒苟安。如此锐气，二十后生而有之，六旬男子则更多见。年岁有加，并非垂老，理想丢弃，方堕暮年。岁月悠悠，衰微只及肌肤；热忱抛却，颓废必致灵魂。忧烦，惶恐，丧失自信，定使心灵扭曲，意气如灰。无论年届花甲，拟或二八芳龄，心中皆有生命之欢乐，奇迹之诱惑，孩童般天真久盛不衰。人人心中皆有一台天线，只要你从天上人间接受美好、希望、欢乐、勇气和力量的信号，你就青春永驻，风华常存。一旦天线下降，锐气便被冰雪覆盖，玩世不恭、自暴自弃油然而生，即使年方二十，实已垂垂老矣。然则只要树起天线，捕捉乐观信号，你就有望在八十高龄告别尘寰时，仍觉年轻。

——塞缪尔·厄尔曼《青春》

　　通过本单元的学习，你对自己肯定有了一定的认识。那么，给自己画一个像吧。

我的人生目标是：

为了实现我的目标我打算做什么？

我想要选择的专业是？

我的学习能力如何？

我的总结是：

歇后语、格言

盛年不重来，一日难再晨。及时当勉励，岁月不待人。

天行健，君子以自强不息。地势坤，君子以厚德载物。

少壮不努力，老大徒伤悲。

有志者，事竟成，破釜沉舟，百二秦关终属楚；苦心人，天不负，卧薪尝胆，三千越甲可吞吴。

模块四

如何面对成长困惑——常见问题调适

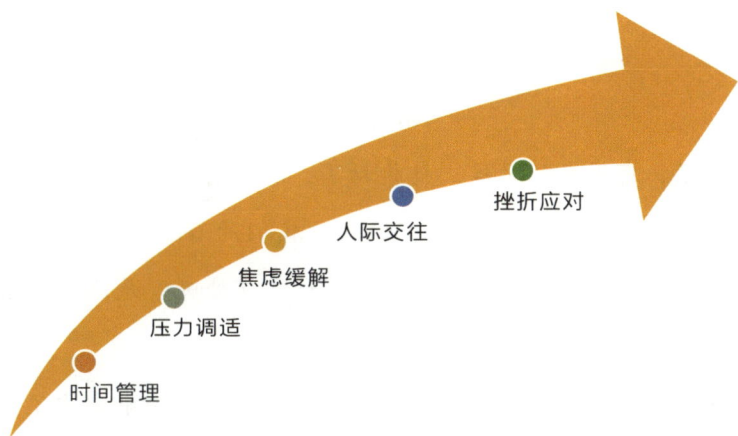

挫折应对

人际交往

焦虑缓解

压力调适

时间管理

模块导读

　　每个人在成长过程中，都会或多或少地遇到一些问题、面临一些烦恼。而要实现我们心中的理想，到达成功的彼岸，就必须正确看待并合理应对这些问题和烦恼。本模块聚焦中学生在日常生活与学习中常见的几大问题，通过线上或线下测试、游戏活动、知识介绍、常用应对方法提示及拓展学习等异彩纷呈的形式，帮助同学们正确认识和有效应对成长中的烦恼，让同学们距离梦想更近一步。

单元一：时间管理

匆匆（节选）

朱自清

　　燕子去了，有再来的时候；杨柳枯了，有再青的时候；桃花谢了，有再开的时候。但是，聪明的，你告诉我，我们的日子为什么一去不复返呢？——是有人偷了他们罢：那是谁？又藏在何处呢？是他们自己逃走了罢——如今又到了哪里呢？

　　我不知道他们给了我多少日子，但我的手确乎是渐渐空虚了。在默默里算着，八千多日子已经从我手中溜去，像针尖上一滴水滴在大海里，我的日子滴在时间的流里，没有声音，也没有影子。我不禁头涔涔而泪潸潸了。（如图4-1所示）

图4-1　燕子春归

《匆匆》是现代散文家朱自清写的一篇脍炙人口的散文。文章紧扣"匆匆"二字，表达了对时光流逝的无奈与惋惜。坊间流传着一个三八理论，就是说把每个人每天的时间分成 3 个部分：8 小时学习（或工作）、8 小时睡觉吃饭、8 小时自由安排。可以自由安排的 8 小时，就是人与人之间的差距。想一想，你一天的生活都是如何安排的呢？

案例故事

有一年，鲁迅的父亲生了病，躺在床上。鲁迅一面上书塾，一面要帮家务，天天奔走于当铺和药铺之间。有一天早晨，鲁迅上学迟到了。素以品行方正、教书认真著称的寿镜吾老先生严厉地说了这样一句话："以后要早到！"鲁迅听了没有说什么，默默地回到座位上。他在书桌上轻轻地刻了一个小小的字："早"。从那以后，鲁迅上学就再也没有迟到过，而且时时早，事事早，奋斗了一生。（如图 4-2 所示）

是啊，的确要早。要珍惜清晨，要珍惜春天，要学梅花，做"东风第一枝"。

图 4-2　鲁迅与三味书屋

知识链接

时间管理及其基本原则

时间管理是指通过事先规划和运用一定的技巧、方法与工具实现对时间的灵活以及有效运用，从而实现个人或组织的既定目标。时间管理的基本原则有：

- 提前计划：凡事预则立，不预则废。做事要有计划，明白自己将要做什么，而且计划要合理，具有可操作性，然后列一个计划清单，在清单后附上完成时间，严格遵照执行；

- 优先管理：分清事情的轻重缓急，做需要先做的事，重点的事情重点对待。（如图 4-3 所示）

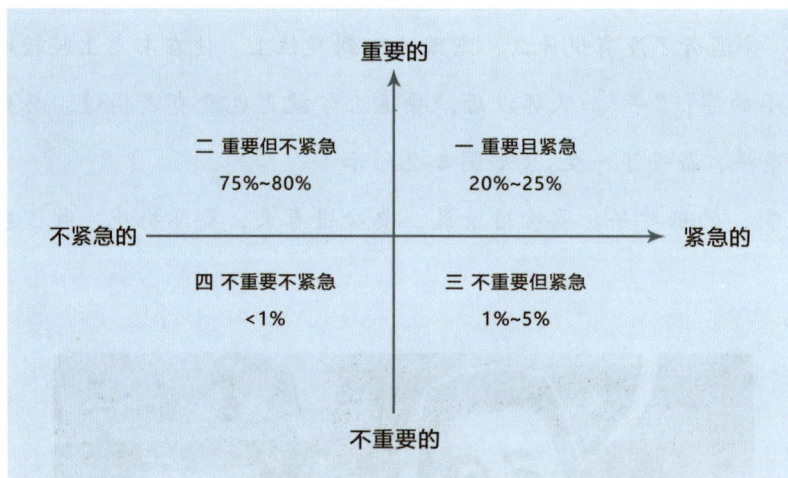

图 4-3　时间管理四象限法则

- 追求效率：今日事、今日毕，做事情不拖拉，拒绝拖延；

- 总结反思：要善于在事情做完后及时进行总结经验，反思不足，争取下一次表现更佳。

- 成就感：很多时间管理者很喜欢 To do list，每完成一项，就从 To do list 上划掉一项，由此可带来一种成就感。这种对成就感的追求，本身也是我们去管理好自己时间的动力。

- 最后，最重要的是立刻开始去做。心动不如马上行动，哪怕只是其中任何一点，都能帮助你在同样的 24 小时里，收获更丰富、广阔和悠然自得的学习人生。

🛡 实践活动

活动 23 测一测你的时间管理能力

你想知道自己的时间管理能力如何吗？请进入生涯规划平台，或扫描封底二维码开启你的测试，系统将会及时给出结果分析及参考建议。

你是时间管理的高手吗？现在让我们动动手指，来测测吧！

以下 20 道题可以让我们了解自己的时间管理能力，每小题有 3 个选项，即总是这样、有时这样、从不这样，请你从中选出最符合自己实际情况的一项。为保障这个测试的正确性，请你如实回答！

1. 我在每学期开始时为自己制定一学期的学习和生活计划。

　　A. 总是这样　　　　B. 有时这样　　　　C. 从不这样

2. 我每天都能按时起床。

　　A. 总是这样　　　　B. 有时这样　　　　C. 从不这样

3. 我每天都能按着自己的计划进行学习和娱乐。

　　A. 总是这样　　　　B. 有时这样　　　　C. 从不这样

4. 我时刻都知道自己应该做什么事情。

　　A. 总是这样　　　　B. 有时这样　　　　C. 从不这样

5. 我每隔一段时间便检查自己时间计划完成的情况。

　　A. 总是这样　　　　B. 有时这样　　　　C. 从不这样

6. 我能够做到及时地自我反思以及如何利用好时间。

　　A. 总是这样　　　　B. 有时这样　　　　C. 从不这样

7. 我能有条理的完成自己该做的事情。

　　A. 总是这样　　　　B. 有时这样　　　　C. 从不这样

8. 我从未在每天放学回家时感觉筋疲力尽，好像一天的学习没完成一样。

　　A. 总是这样　　　　B. 有时这样　　　　C. 从不这样

9. 当完成一件事情有困难时，我不会为自己找借口拖延。

　　A. 总是这样　　　　B. 有时这样　　　　C. 从不这样

10. 我每次做事之前都能提醒自己要在尽量短的时间之内保证质量的完成。

　　A. 总是这样　　　　B. 有时这样　　　　C. 从不这样

11. 我认为自己做事情很高效。

　　A. 总是这样　　　　B. 有时这样　　　　C. 从不这样

12. 我在课余时间不感到无所事事。

　　A. 总是这样　　　　B. 有时这样　　　　C. 从不这样

13. 我在任何时候都不感觉自己无事可做。

　　A. 总是这样　　　　B. 有时这样　　　　C. 从不这样

14. 我从不同时做几件事，因为那样一件事也做不好。

　　A. 总是这样　　　　B. 有时这样　　　　C. 从不这样

15. 我从未因为顾虑其他事情而无法集中精力来做目前该做的事。

　　A. 总是这样　　　　B. 有时这样　　　　C. 从不这样

16. 我在做事时不容易受到其他事情的影响。

　　A. 总是这样　　　　B. 有时这样　　　　C. 从不这样

17. 我做事情时能坚持到底。

　　A. 总是这样　　　　B. 有时这样　　　　C. 从不这样

18. 我能分清什么是眼前最该做的事情。

　　A. 总是这样　　　　B. 有时这样　　　　C. 从不这样

19. 我把自己的东西整理的井井有条。

　　A. 总是这样　　　　B. 有时这样　　　　C. 从不这样

20. 我常有时间做自己喜欢的事。

　　A. 总是这样　　　　B. 有时这样　　　　C. 从不这样

计分说明

　　在上述 20 道题目中，选"总是这样"记 2 分，选"有时这样"记 1 分，选"从不这样"记 0 分。请将自己在每道题目上的得分相加，就可以得到自己的时间管理总分。下面的分段可以让我们基本了解自己的时间管理情况：

　　（1）0 ～ 15 分：说明你管理自己时间的能力还有待大幅度提升，需要从计划性、坚持性、合理性、反思性等多个方面来提高自己的时间管理能力。

　　（2）16 ～ 30 分：说明你具有较好的时间管理能力，但是在有的方面还有待提高，请分析自己平时的表现和本次小测验得分情况，看看自己哪方面还需努力。

　　（3）31 ～ 40 分：说明你具有较好的时间管理能力和方法，只要坚持下去，一定会收到良好的效果。

活动思考

　　1. 我的时间管理能力得分是：＿＿＿＿＿＿＿＿＿

　　2. 我对自己的时间管理能力满意吗？

　　3. 在时间管理方面，我有哪些应该继续保持或者需要调整的？

＿＿＿＿＿＿＿＿＿＿＿＿＿＿＿＿＿＿＿＿＿＿＿＿＿＿＿＿＿＿＿

＿＿＿＿＿＿＿＿＿＿＿＿＿＿＿＿＿＿＿＿＿＿＿＿＿＿＿＿＿＿＿

活动 24　绘制我的时间馅饼

　　回忆过去的一天，看看自己都做了哪些事，并把做这些事情所用的时间填入下列表格中。

一天中做的事情	做这件事所使用的时间
1.	
2.	
3.	
……	
……	

你想得到一个如图 4-4 所示的时间馅饼吗？请进入生涯规划平台，或扫描封底二维码，将上表中的数据输入，即可得到专属于你的时间馅饼图，可以保存，并且还可以跟同学们分享。

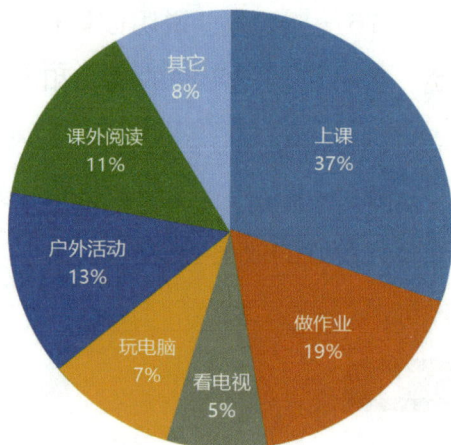

图 4-4　时间馅饼

活动思考

1. 哪一部分占用的时间最多？

2. 哪一部分占用的时间是可以增加的？

3. 哪一部分占用的时间是可以减少的？

4. 哪一部分占用的时间是可有可无的？

5. 对自己的时间安排满意吗？理由是什么？

6. 按照前面提到的时间优先管理原则，将你时间馅饼的事务重新进行安排，你会如何安排？

活动 25　我的时间管理表

请罗列出每天要做的事情，根据时间管理方法，安排每件事的顺序并分配相应的时间，让你的时间管理从现在开始！

> 同学们，如果你想把你的课程表和你的时间管理规划结合起来，并且将你的时间规划与老师和父母分享交流，就请进入生涯规划平台，或扫描封底二维码，制作属于你个人的超级课程表，可以保存，并且还可以跟同学、老师和父母分享，让他们更加了解你的学习生活情况。你还可以设置重要事项提醒、课程安排提醒、任务提醒及进度查询等，让你的一天更加充实。

	计划完成的事情	重要性排序	计划完成时间	完成情况
上午				
下午				
晚上				

🎣 拓展学习

我的时间座右铭

子在川上曰："逝者如斯夫！不舍昼夜。"《古诗十九首》中感慨道："昼短苦夜长，何不秉烛游！"请搜集关于珍惜时间、管理时间的名言警句，从中挑选一句作为你的座右铭，贴在你的桌子右上角处，用来激励自己好好珍惜时光，努力奋斗。

悦读：优秀的时间管理案例

某校高中学霸的时间管理方法：

1. 早读及以前

高一开始，我住在学校。每天六点左右起床洗漱，然后六点半左右去吃早饭。早饭过后走进教室，开启一天的学习时光。通常，我会把几门功课交换着看，比如先读读语文课文，半小时后再背背英语单词、短语。

2. 听课注意事项

课前做好预习工作，上课的时候紧跟着老师的讲解思路。在做课堂笔记的时候，先听懂再去记，尽量不要边听边记。如果笔记有遗漏的地方，课下可以找同学的笔记，再补充整理一下，有助于加深理解与记忆。

3. 中午放学到下午上课前的时间安排

中午放学的时候，如果食堂吃饭的人很多，那么可以先留在教室，整理一下笔记，或者做一两道题。这样既可以避免排队等候，还可以多学一会儿。吃过饭后，一定要休息半个小时左右，为下午的学习打下基础。

4. 下午上课

与上午上课一样。可以提前十分钟到教室，做一下预习。

5. 下午放学

下午放学和中午放学一样，可以采取灵活的方式节省排队等候的时间，学习和吃饭两不误。

6. 晚上时间安排

吃过晚饭后，先完成老师当天安排的作业，然后把一天学习的知识点再复习一遍，看看哪些掌握了，哪些还没有掌握，争取把当天学的知识点都掌握好，做到今日事今日毕。

好了，一天就这样结束了。

7. 周末及放假

建议一定要有适度的休息与放松，比如打球、听音乐、游泳等，既培养自己的兴趣爱好，又能锻炼强健的体魄。适度的锻炼和放松之后，你将会以充沛的精力和更饱满的热情投入到新一周的学习中来。

温馨提示：成功的道路常常不可复制，适合别人的，未必适合自己。但是我们可以从他们身上找到可以借鉴的地方，最终的目标是形成适合自己的时间管理方法。

✺ 单元小结

时间是一种宝贵的财富，每个人一天都有 24 个小时。然而同样的时间里，有的人在努力实现有价值的人生，有的人却一事无成，因此，如何有效地管理时间就显得非常关键。时间管理水平与学生的学业成绩也呈现明显的正相关，因此，时间管理对于高中生的成长、成才很有意义。《钢铁是怎样炼成的》中保尔·柯察金有这样一句话："人最宝贵的是生命，生命对人来说只有一次，因此，人的一生应当这样度过：当一个人回首往事时，不因虚度年华而悔恨，也不因碌碌无为而羞愧。"我们每个人也要管理好自己的时间，不虚度时光，不辜负青春，为自己的理想而不懈奋斗。

动动手指，回顾一下本单元内容吧！

通过测试，我的时间管理能力处于何种水平？

我平时在时间管理方面存在哪些问题？

学完本单元后，我应该如何来管理自己的时间？

拓展：我还可以采取哪些方式提高自己的时间管理能力？

单元二：压力调适

有一位经验丰富的老船长，当他的货轮卸货后返航时，突然遭遇到了可怕的风暴。水手们惊慌失措，老船长果断地命令水手们立刻打开货舱，往里面灌水。"船长是不是疯了，往船舱里灌水只会增加船的压力，使船下沉，这不是自寻死路吗？"一个年轻的水手嘟囔着。

看着船长严厉的脸色，水手们还是照做了。随着货舱里的水位越升越高，船逐渐地下沉，但狂风巨浪对船的威胁却一点一点地减少，货轮渐渐平稳了。

船长望着松了一口气的水手们说："上万吨的巨轮很少有被打翻的，被打翻的常常是根基轻的小船。船在负重的时候是最安全的；空船时则是最危险的。当然这种负重是要根据船的承载能力界定的，适当的压力可以抵挡暴风骤雨的侵袭，但如果是船不能承受之重，它就会如你们担心的那样，消失在海面。"①

这个故事揭示的就是"压力效应"。一个人的一生中，如果没有一点儿压力，那么很容易被生活的巨浪打翻。同样，如果每天都处在深重的压力中，那么也很容易被重荷压垮。因此，我们要辩证地看待压力。其实，每个人在各自的人生历程中都或多或少有一些压力，特别是历史上的伟大人物，他们也面临着很多压力，但是他们往往能将压力转化为奋斗的动力，从而成就一番事业。

面对压力，我们要学会自我调适：当压力过大时，我们要懂得自我减压，改

---

① 简单.给自己加满水［J］.心理世界,2004,0(4):35-35.

变认知，放松心情，乐观地对待生活；当压力过小，导致学习动机不强时，我们还需要适时地自我加压，因为过分的安逸会让人变得懒惰，就像温室里的花朵，经不起生活的风风雨雨。减压，是为了蓄足生命的张力；加压，是为了增强生命的耐力。通过适度的压力调适，往往会让人化压力为动力，开发我们更大的潜能，以便更好地投入到工作和学习中来，推动个人与社会向前走。

案例故事

　　小林是一名高二的学生，就读于当地最好的高中。从小学到初中，学习成绩一直名列前茅，是父母和老师心中的骄傲。小林升入高中后，无论是学习内容，还是学习强度、难度，与初中相比都提升了很多。尽管如此，他依然能够在强手如云的年级考试中取得优秀的成绩。可是，他在取得优秀成绩的同时，压力也随之而来。别人会不会追上自己？怎样才能一直保持优秀？他开始变得非常紧张，晚上也休息不好，学习效率也开始下降。为此，他感到非常的苦恼，急需找到释放压力的方法。（如图 4-5 所示）

图 4-5　"压力山大"

　　如果你是小林的朋友，他向你倾诉并寻求帮助，你会告诉他怎么做？

🔗 知识链接

什么是压力

简单地说，压力就是单一或连续引起身体及心理紧张的事件。压力是我们生活中不可避免的一部分，如学习和生活中遇到的挫折、同学之间的冲突、生活以外的事件、为达到某个目的而加倍努力都会给自己带来压力。通常，我们一提到压力，就会联想到紧张、不安、焦虑等负性词汇。

其实，压力是把双刃剑，既有消极影响，也有积极影响。过大的压力会影响人的工作效率和身体健康，但是毫无压力，生活也会变得平淡无奇。适度的压力通常是提高绩效的一种促进因素，是成就的动力，能促进成长，如图 4-6 所示。

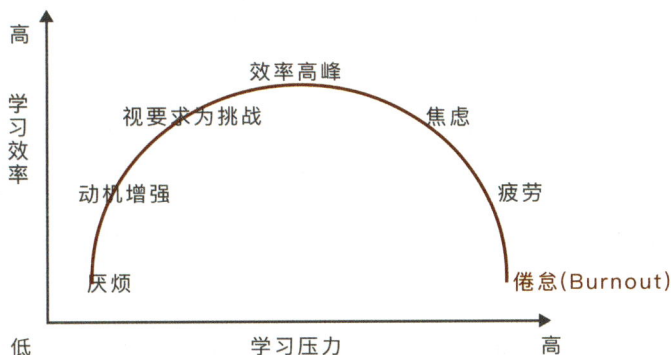

图 4-6   压力与学习效率之间的关系

中学生常见的压力种类

（1）认知发展的压力：理想很丰满，现实很骨感。因理想与现实之间的差距导致的心理压力。

（2）生活或环境适应的压力：进入高中生活，由于周围环境变化而导致无法很快适应带来的压力。

（3）学习压力：这是中学生面临的主要压力之一。入学后，由于学习内容、学习强度、学习方法等的变化，会导致一些学生产生压力感、危机感甚至是失落感。

（4）人际交往的压力：由于同学们来自不同的家庭，不同的生活习惯、性格特征、个人爱好、家庭背景等导致一些同学在人际交往中产生一定的压力感。

压力过度的表现

（1）情绪方面：紧张、敏感、多疑、焦躁不安、忧虑烦恼等；

（2）生理方面：心跳急促、异常出汗、失眠、胃口差等；

（3）行为方面：抱怨、挑剔、生活作息混乱、坐立不安等。

压力过度时常用的调适方法

每个人在生活中都会有压力，没有压力感的人实际上难以经受生活的考验。对于压力，我们不需要把它看成是洪水猛兽，只要适度，反而会促进我们成长进步。当然，如果自我感觉压力很大的话，也需要积极进行自我调适。常见的方法有：

（1）**改变认知**：面对半瓶水，"只有半瓶水"和"还有半瓶水"代表着不同的心态，前者常常带来沮丧，后者常常感到庆幸。因此，很多时候态度决定一切，要保持积极的心态，正确认识压力，才可以化压力为动力，继续奋进。

（2）**学会宣泄**：宣泄是缓解压力的一种简单办法，例如有些学校开设放松教室，压力大的同学可以在放松教室里打沙包、扔枕头等，用来宣泄压力。当然，如果没有这样的教室，也可以找一个没人的地方，大声喊几句，把心中的情绪释放出来；或者写心理日记，将心中的压力诉诸文字，一吐为快。

（3）**休闲放松**：在感到压力大的时候，不妨停下来，做一些休闲娱乐活动，放松自己的身心，转移自己的注意力。例如去操场跑几圈，或者找同学打打球，做做瑜伽等达到放松的目的。

（4）**增强信心**：可以适度进行意志力和魄力的训练，培养自己不畏强手，敢于拼搏的精神，提高压力的承受能力。

（5）**重新评价**：很多时候，压力产生自理想与现实之间的差距。因此，如果是因为自己目标定得过高而导致压力过大的话，就需要结合自己的实际情况调整目标，重新评价自己，然后做出一个合理的规划。

（6）寻求帮助：当你使用了上述方法还不奏效，那么还可以寻求家人、朋友、老师的帮助，或者去学校和社会寻求专业的心理咨询服务等。同时，需要注意的是，当因缺乏压力而导致学习动机不足时，可能会出现效率低下、执行复杂或长期计划的能力下降、对挫折的耐受能力低以及注意力集中困难等问题。这时，就需要适时、适当、适量的自我加压。

自我加压的小方法

（1）离开舒适区：一直待在舒适区，会让我们失去继续奋斗的动力，消磨我们的激情，因此我们需要不断地挑战自我，积极拓展新的发展空间，追求新的目标。

（2）调高目标：当我们实现一个目标时，经过短暂的休息和调整后，就需要设置一个新的、更高的目标，就像是攀登一座高山，到了一个小山头之后，休息后需要朝着下一个更高的目标出发，要有不到山顶不回头的勇气和毅力。

（3）与积极乐观的人交流、学习：多向身边积极乐观的人学习，多和他们沟通和交流，成为一起奋进的好朋友、好伙伴。因为我们对生活的热情常常会感染身边的人。因此，同乐观的人为伴，能让我们对人生更加充满希望。

（4）内省：除了理性对待别人对自己的看法，我们还可以通过自我思考来建立自己的形象，从内心挑战自我是我们生命力量的源泉。通过内省，对自己施压，强化自我意识，从而让自己变得更加优秀。

🛡 **实践活动**

活动 26　测一测你的压力指数

你想快速了解你近期的压力指数吗？请进入生涯规划平台，或扫描封底二维码开启你的测试，系统将会及时给出结果分析及参考建议。

　　下面表格中的问题可以帮助你了解自己目前的压力状况，请根据自己在过去两个月中的真实感觉和想法来回答。在每道题目中，你会被问到出现这种感觉和想法的频率，回答时不用刻意去数出现的次数，但尽可能反映出一个合理的估计值。请根据自己的实际情况在相应的数字上打"√"。

序号	题目	从不	很少	有时	经常	总是
1	会因为一些无法预知的事情发生而感到心烦意乱	0	1	2	3	4
2	有办法控制生活中恼人的事情	0	1	2	3	4
3	能成功地处理生活和学习中的烦恼	0	1	2	3	4
4	感到无法控制自己生活中重要的事情	4	3	2	1	0
5	常生气，因为很多事情是超出自己所能控制的	4	3	2	1	0
6	常感到困难的事情堆积如山，而自己无法克服他们	4	3	2	1	0
7	发现自己无法处理所有必须做的事	4	3	2	1	0
8	常觉得自己是事情的掌控者	0	1	2	3	4
9	感觉自己能够有效地适应生活中所发生的重要改变	0	1	2	3	4
10	感到压力和紧张不安	0	1	2	3	4
11	对于处理自己的私人问题感到很有信心	0	1	2	3	4
12	感到事情顺心如意	0	1	2	3	4
13	经常想到有些事情是自己必须完成的	4	3	2	1	0
14	常能自如地安排自己的时间	0	1	2	3	4

评分说明

　　将每道题目的分数相加，就可以得到自己的压力指数。分数越高，表示你感受到的压力越大。以下的范围划分[①]仅作为一种参考：

　　0 ~ 28 分，压力在正常范围；

　　29 ~ 42 分，感受到压力有点大，应提示自己注意压力调适与减压；

　　43 ~ 56 分，感受到压力太大，建议立即寻求外部帮助为自己减压。

　　一般而言，我们感受到的压力有些源于生活中真实存在的人或事，有些则是我们自己给自己施加的。对于前者，我们可以考虑向有经验的师长或前辈请教，寻求问题的解决方法等；对于后者，我们既可以试着自己化解，让自己学会对学习、生活中的事"翻篇"，也可以找自己信任的人倾诉，有条件的话还可以寻求心理咨询中心老师的帮助。无论如何，当我们感觉压力大到自己难以承受时，应主动寻求帮助！

活动思考

　　1. 我的压力测试得分是：＿＿＿＿＿＿＿＿

　　2. 我目前的状态是：（从下面选项中勾选）

　　　　○缺乏压力，动机不足

　　　　○压力适中，状态良好

　　　　○压力过大，需要调整

　　3. 我准备如何应对这种状态？

_____

_____

---

　　① 吴大兴.综合医药心理联络会诊手册［M］.北京：人民卫生出版社，2011：23-49.

🏃 拓展学习

　　日常生活中，很多人因为压力过大而感到苦恼。当我们面临过度的压力时，不妨尝试一下以下几种方法，帮助自己减压。

运动减压

　　运动是一种简单有效的减压方式，同学们可以根据自己的运动喜好，选择一种或多种运动方式，列入自己一周的作息时间表上，帮助自己减压。常见的运动有跑步、骑行、跳绳、游泳、瑜伽、团体运动（如乒乓、篮球、足球等）。每周2～3次，每次30分钟以上。（如图4-7所示）

图4-7　运动减压

冥想减压：三分钟冥想法

　　第一步：在一个安静的环境下，保持背部自然直立，坐直（如图4-8所示）。如果你这时候没有条件坐下来，那就站直。

　　第二步：闭上眼睛，然后首先感觉下自己的身体，有什么样的姿势？有没有疼痛或愉快的感觉？可以重点留意下心脏和腹部的感觉，或者是你自己比较敏感的部位的感觉。（持续1分钟）

　　第三步：将注意力集中到腹部以下，感知呼气和吐气的过程，不需要改变呼

吸的频率，只需要将注意力停留在呼吸上就可以了。如果感觉自己走神了，慢慢回到呼吸上。（持续1分钟）

第四步：慢慢将自己的意识扩大到全身，从头到脚感知身体的每个部位，全然跟自己在一起。（持续1分钟）

做完之后，将思维拉回来，继续你手头的事情。

图4-8　冥想减压

音乐减压

在一个相对安静的环境中，戴上耳机，聆听一些轻松愉悦的音乐（如图4-9所示）进行休闲放松。例如，《春江花月夜》《梅花三弄》《胡笳十八拍》《平沙落雁》等音乐。

图4-9　音乐减压

单元小结

在我们的生活中，压力可以说是无处不在。过度的压力会损害我们的身心，妨碍我们潜能的发挥，而毫无压力又可能会使我们过于安逸，动力不足。面对压力，唯有学会正确的压力调适才能丰富我们的人生。本单元主要介绍了一些关于压力的常识和一些易于操作的应对方法，希望能够帮助同学们正确认识压力，合理调适压力，为走向成功打下基础。

动动手指，回顾一下本单元内容吧！

我的压力指数是：

关于压力，我主要存在哪些问题？

学完本单元后，我可以采取哪些方式减压（或加压）？

除了文中提到的，我还有哪些方式可以帮助自己减压（或加压）？

单元三：焦虑缓解

人在认识事物和现象时，总带有一定的态度，不同的态度就会产生不同的情绪体验。情绪就是作为认识主体的人对客观事物是否符合自己的需要而产生的反应，对人的知觉、思维和记忆等认知过程会有调解作用。焦虑是我们日常生活中常见的一种情绪反应。它并非一无是处，因为每个人都会有程度不同的焦虑，适度的焦虑可以调动我们的潜能和资源去解决问题，但是过度焦虑则会对我们的身心产生不良的影响。在日常学习生活中，我们也会有这样的体验：当我们的情绪良好时，能感受到肌肉放松，心情平静，持这种情绪去学习，可使我们精力集中，对事物的感知更加清晰，记忆更加牢固，思维更加敏捷、灵活，想象力更加活跃；而当我们情绪持续低落，特别是过于焦虑时，学习效率和质量可能就会受到影响，甚至身体也会出现一些不适。因此，如何应对焦虑情绪，需要引起我们的高度重视。

📇 案例故事

小赵的烦恼独白

"都说中学生是无忧无虑的青少年，可我刚刚上高中，就常常感到各种说不出原因的焦虑与忧烦。早晨上学，我感到自己是不停转动的机器；在课堂上，心里总觉得有什么事儿放心不下，眼睛看着讲课的老师，耳朵却什么也没听见；下课铃一响，我又为荒废了一节课而懊悔；晚上，坐在灯下做作业，无名的焦虑又袭上心头……我做什么都心神不宁，焦虑不安。仔细想想，又没有什么值得我焦虑的。我这是怎么回事呢？怎么办呢？"

（如图4-10所示）

图 4-10 焦虑

知识链接

焦虑

因学习、生活而焦虑的现象在学生群体中普遍存在，而且在不同时期会有不同的焦虑表现。适度的焦虑对学生并无害处，还有利于学生审时度势、深思熟虑地分析和处理自己所面临的各种问题，激励自己不断上进。若没有或焦虑过低的话，人有时也会安于现状，不求上进。但当个体焦虑的状态严重影响了正常的学习、生活时，应及时调整并寻求帮助。

过度焦虑的不良影响

（1）抑制大脑效能：平时学不进，考试时答不出、答不对；

（2）造成生理反应：头晕、恶心、失眠、疲劳、营养不良；

（3）危害心理健康：焦虑，烦躁，不耐烦，不爱沟通。

常用的焦虑缓解方法

1. 深呼吸缓解法

当学生处于焦虑紧张状态时，想通过意志让自己不要出汗、不要心慌是十分困难的，我们可以通过调整呼吸节奏来缓解焦虑情绪。

具体做法是：保持坐姿，身体向后靠，并挺直。如果不方便坐下，也可以采取站立的形式。通过鼻子呼气、腹部吸气。全身放松，闭上眼睛，先深深地吸一口气，然后再缓缓地呼出，重复这样的动作 20 遍，每天可以做两次。在做的时候，思想一定要放松，沉浸在这种放松训练中。

这种方法虽然很简单，却常常起到一定的作用。如果你遇到紧张的场合，或是不知道自己该怎么办、手足无措之时，不妨先做一次深呼吸放松。

2. 想象放松法

想象一种最能让自己感到舒适、惬意、放松的情境，例如想象自己：静静地躺在海滩上，周围没有其他的人；阳光暖暖地照在我的身上，我触到了身下海滩上柔软的沙子，感到全身无比的放松；海风轻轻地吹过我的皮肤，带来一丝丝湿润的感觉；海涛在轻轻地拍打着海岸，传来沙沙的声音；我静静地躺着，静静地倾听这永恒的波涛声……（如图 4-11 所示）

图 4-11　想象放松

自我想象放松可以自己在心中默念，也可以借助录音设备来进行，或者在他人的引导下完成。需要注意的是，在这个过程中要积极地想象这个情景，充分调动"五感"，即触觉、听觉、视觉、嗅觉、味觉，仿佛自己真的身处其中。同时配合自己的呼吸，逐渐放慢节奏。

3. 保持积极健康的心态

心理学研究表明，困扰我们的往往不是事件本身，而是我们对事件的看法。

当我们产生焦虑情绪时，如果能修正对事件的不合理看法，就能修正自己的负面情绪，才有可能减缓焦虑。因此，我们要保持良好的心态，树立自信心。可以尝试一下自我激励法，进行积极的心理暗示：比如出发考试前，可以对着镜子说3遍"不要紧张，相信今天会考好的"；在床头上贴1张字条"我的学习正在进步，我还要取得更大进步"；每天抄写1条励志语录，并选择1条作为自己的座右铭，等等。

4. 转移注意力

转移注意力是一种比较缓和的疗法，它可以帮我们把自己的思维和看法从焦虑中摆脱出来，让我们去关注自己感兴趣的事物。一旦你这样做了，你就打开了选择给你生命意义的东西的能力。当你把你的注意力转移到你存在的目标上时，你的焦虑和忧虑就会被消除，因为你真正地参与了当前的时刻。所以，找一些让你的生活有意义的活动。比如看一本书、追一部电视剧、种一些花草、认识一些朋友、听一首舒缓的音乐，等等。

5. 定期锻炼，保证充足的睡眠，加强营养

研究表明，运动能增加大脑中的内啡肽，使人感觉良好（如图4-12所示）。而充足的睡眠和饮食上的营养，也会改善人的情绪如图。

图 4-12　运动

6. 寻求帮助

当上述方法均不奏效，那么还可以寻求家人、朋友、老师的帮助，或者去学校和社会寻求专业的心理咨询服务等。（如图 4-13 所示）

图 4-13　寻求心理援助

🛡️ 实践活动

活动 27　测一测你的焦虑指数

> 你想快速了解你近期的焦虑指数吗？请进入生涯规划平台，或扫描封底二维码开启你的测试，系统将会及时给出结果分析及参考建议。

以下小测验[①]可以帮助我们了解自己近期的焦虑状态，请根据最近 1 周的实际感觉来回答。每一句陈述后面都有 4 个选项，分别代表不同的出现频率，请在符合你实际情况的选项下面打"√"，并在题末的评分栏中写入对应的数字。答案没有对错之分，不必仔细推敲，请不要遗漏任何题目。

[①]　焦虑自评量表［J］.心理保健医生，2011（5）：27-27.

序号	题目	没有或很少时间有	有时有	大部分时间有	绝大部分或全部时间都有	评分
1	我觉得比平常容易着急和紧张	1	2	3	4	
2	我时常心平气和，并且容易安静的呆着	1	2	3	4	
3	我手脚发抖战栗	1	2	3	4	
4	我手脚麻木和刺痛	1	2	3	4	
5	我觉得心跳很快	4	3	2	1	
6	我不明缘由地感到害怕	1	2	3	4	
7	我觉得一切都很好，也不会发生什么不幸	1	2	3	4	
8	我因为头痛、颈痛和背痛而苦恼	1	2	3	4	
9	我因为一阵阵头晕而苦恼	4	3	2	1	
10	我感觉容易疲乏和衰弱	1	2	3	4	
11	我容易心里烦乱或觉得惊恐	1	2	3	4	
12	我觉得我可能将要发疯	1	2	3	4	
13	我容易入睡并且一夜睡得很好	4	3	2	1	
14	我做噩梦	1	2	3	4	
15	我常常要小便	1	2	3	4	
16	我因为胃痛和消化不良而苦恼	1	2	3	4	
17	我呼气吸气都感到很容易	4	3	2	1	
18	我有晕倒发作或觉得要晕倒似的	1	2	3	4	
19	我的手常常是干燥温暖的	4	3	2	1	
20	我脸红发热	1	2	3	4	
总分统计						

评分标准

请将评分栏中 20 个题项的得分相加，用总分乘以 1.25，然后取整数部分，就可以得到你近期的焦虑分数。分数越高，表明焦虑越明显，其中：

50 分以下可能说明你近期没有处在焦虑状态。

50 ~ 59 分为轻度焦虑 [①]：整体来看比较正常，对个人身心影响不大。

60 ~ 69 分为中度焦虑：可能会出现紧张和忧虑，学习效率可能会降低，需要进行相应的调整，学会放松。

70 分以上为重度焦虑：有必要进行心理咨询和心理辅导。

上面的测试结果仅作为我们对自身焦虑状态的一种参考，如果我们在这方面确实存在困扰，应主动寻求专业的帮助。

活动思考

1. 我的焦虑测试得分是：＿＿＿＿＿＿，处于何种水平？

2. 我主要对哪些事感到焦虑？

_____

_____

_____

3. 我准备如何应对这些焦虑？

_____

_____

_____

---

① 唐茂芹 .2462 名青少年焦虑自评量表测查结果分析 [J] . 中国心理卫生杂志，1997（02）：75-77.

拓展学习

初登讲台，紧张到说不出话来的沈从文

第一次登台授课的日子终于来临了，沈从文既兴奋，又紧张。他急匆匆走上讲台：一件半新不旧的蓝布长衫罩着一副瘦小的身躯，眉目清秀如女子，面容苍白而少血色；一双黑亮有神的眼睛稍许冲淡了几分身心的憔悴。如此形象跟学生想象的威武形象相去甚远。

他站在讲台上，只见黑压压一片人头，心里一惊，原先想好的话都忘了。众目睽睽下，他竟呆站了十分钟！好容易平静下来，他一面急促地讲，一面在黑板上抄写授课提纲。然而预定一小时的授课内容，十多分钟便把话说完了。最终，他拿起粉笔在黑板上写道：我第一次上课，见你们人多，怕了。

下课后，学生们议论纷纷。消息传到教师中间，有人说："沈从文这样的人也来中国公学上课，半个小时讲不出一句话来！"议论传到胡适的耳里，他竟笑笑说："上课讲不出话来，学生不轰他，这就是成功。"

一代民国大家，初次登台面对人群，也会像很多人一样，因为焦虑、紧张而说不出话来。但是他却能机智的加以应对，最终获得众人的理解。从他的故事中，你得到了哪些启示？

单元小结

焦虑跟紧张、恐惧等情绪一样，我们无法完全摆脱，但是我们可以采取一定的方法缓解它。而且适度的焦虑也是促使人保持前进的动力，正如《孟子》所言"生于忧患，死于安乐"。本单元主要介绍了一些关于焦虑的知识以及常用的缓解焦虑的方法，希望大家可以调控好可能出现的焦虑情绪，驾驭好它，让它和你一起乘风破浪，书写人生辉煌。

动动手指，回顾一下本单元内容吧！

我平时都有哪些焦虑？

我的焦虑指数是：

学习完本单元后，我可以采取哪些方式缓解焦虑？

拓展：日常生活学习中，我还知道哪些妙招应对焦虑？

单元四：人际交往

人际交往是人们生活中的重要内容。特别是在当今全球化时代，团队精神、合作意识越来越重要，许多工作需要团队合作才能完成。善于合作与交流，在现代社会中已经成为不可或缺的能力之一。中学是学生心理发展历程的重要时期，是学生学会人际交往的基础阶段。学生在学校内不仅要学习科学文化知识，而且还要学习如何与他人相处，增强与人交往的能力，学会沟通、共情、理解、宽容、合作。

案例故事

有一个秀才去集市上买柴，他对卖柴的人说："荷薪者过来！"卖木柴的人听不懂"荷薪者"（担柴的人）为何意，但是明白"过来"的意思，于是把柴担到秀才前面。秀才问他："其价几何？"卖柴的人只明白"价"的意思，便告诉秀才价钱。秀才接着说："外实而内虚，烟多而焰少，请损之。（你的木柴外表是干的，里头却是湿的，燃烧起来，会浓烟多而火焰小，请减些价钱吧。）"卖柴的人完全听不懂秀才的话，索性担着柴走了。（如图4-14所示）

思考：通过这个故事你明白了什么？

图 4-14　秀才买柴

知识链接

在日常生活中，我们要以积极乐观向上的心态与别人友好相处，善于沟通和合作，实现共赢，可以借鉴以下方法：

（1）学会调控自己的情绪，做自己情绪的主人。进入中学阶段，要开始学会调控自己的情绪，不做情绪化的人，遇事时要冷静，多一些理智，接人待物要文明礼貌，不随意抱怨和指责别人。

（2）热情和激情。对生活和学习要始终保有热情和激情。学会调动自己的情绪，让积极、乐观的好情绪伴随着自己每天的学习与生活。比如，每天早上起来，给自己一个微笑，并且鼓励自己，告诉自己是最棒的，让自己的一天充满活力。

（3）包容和宽容。心有多大，眼界有多大，舞台就会有多大。在日常生活中，不为小事斤斤计较，无论是对自己还是对他人，始终拥有一颗包容和宽容的心。

（4）与人沟通交流时要积极主动，坦诚相待。在沟通和交流过程中，要坚持主动、平等、真诚的原则，以坦诚的心态来对待，真诚而又有礼貌。

（5）多赞美别人。善于赞美别人的前提是善于发现别人的优点，然后发自内心地给予对方真诚的赞美。看到别人优点的人，才会进步得更快，总是挑拣别人缺点的人会故步自封，反而退步。

（6）学会倾听。在交流中仔细听别人说什么，多听多看，而不是自己一直说个不停。良好的沟通从倾听开始，它也表达了对对方的尊重。倾听是人与人之间最好的一种沟通。

（7）记住别人的名字。在和陌生人交流时，要留心记住别人的名字，因为这是对别人最起码的尊重，别人也会因此更加愿意亲近你，和你做朋友。

（8）有责任心。遇到问题，不抱怨，不指责，不推卸责任，而是主动分析问题，寻求解决问题之道。敢于承担责任，做一个敢于担当的人。

（9）每天进步一点点。每天进步一点点，坚持下来，你会发现你会变得更加优秀，周围的人也会感受到你身上的正能量，更加愿意和你交流。

（10）说到做到，立刻就开始行动。心动不如马上行动，行动力是成功的保证，不是光说不做。

实践活动

活动 28　测一测你的情商指数

情商（Emotional Quotient）就是我们通常说的"EQ"，主要是指人们在意志、情绪等方面的品质特征，是与智商相对应的一个概念。一般来说，人的情商先天差别不是很明显，更多是与后天的培养有关。

> 你想快速了解你的情商指数吗？请进入生涯规划平台，或扫描封底二维码开启你的测试，系统将会及时给出结果分析及参考建议。

下面的小测试可以帮助我们了解自己在认识自我和他人的情绪、情绪的调节、人际关系的管理以及自我激励各个方面的表现，也就是大家常听到的情商！每组题目前面括号中的内容概括了这组题目主要测试的是什么方面，你可以根据自己的实际得分了解自己可以从哪些方面来进行调整。

下面让我们开始吧，答案没有好坏和对错，请凭自己的真实感觉回答！

（1 ~ 10：自我情绪认知）

1. 性格不够开朗，很少面露笑容？

    A．总是   B. 有时   C. 从不

2. 情绪起伏很大，自己都不清楚为什么？

    A．总是   B. 有时   C. 从不

3. 有反思习惯，常常扪心自问？

    A．总是   B. 有时   C. 从不

4. 不知道自己的感情是坚强还是脆弱？

    A．总是   B. 有时   C. 从不

5. 明白自己在什么样的情况下容易发生情绪波动？

    A．总是   B. 有时   C. 从不

6. 无法得知自己是在为何生气、高兴、伤心或妒忌？

    A．总是   B. 有时   C. 从不

7. 懂得从他人的言谈与表情中发现自己的情绪变化？

    A．总是   B. 有时   C. 从不

8. 即使有生气、高兴、伤心或妒忌的事也不愿或不能表达出来？

    A．总是   B. 有时   C. 从不

9. 对自己的性格类型有比较清晰地了解？

    A．总是   B. 有时   C. 从不

10. 很难找到抒发情绪的适当方式，要么表示愤怒，要么隐忍或委屈？

    A．总是   B. 有时   C. 从不

（11～20：情绪调控）

11. 受到挫折或委屈，能够保持收放自如的乐观心态？

　　　A．总是　　　　　B. 有时　　　　　C. 从不

12. 对自己有很高的期望，达不到预期时会很生气甚至发脾气？

　　　A．总是　　　　　B. 有时　　　　　C. 从不

13. 出现感情冲动或发怒时，能够较快地"自我熄灭"？

　　　A．总是　　　　　B. 有时　　　　　C. 从不

14. 精神处于紧张状态，不能自我放松？

　　　A．总是　　　　　B. 有时　　　　　C. 从不

15. 遇到不顺心的事能够抑制自己的烦恼？

　　　A．总是　　　　　B. 有时　　　　　C. 从不

16. 情绪波动的起伏，往往不能自控？

　　　A．总是　　　　　B. 有时　　　　　C. 从不

17. 听取批评意见（包括与实际情况不符的意见）时，没有耿耿于怀或不满？

　　　A．总是　　　　　B. 有时　　　　　C. 从不

18. 做什么事都很急，觉得自己属于耐不住性子的人？

　　　A．总是　　　　　B. 有时　　　　　C. 从不

19. 遇到意想不到的突发情况，能够冷静应对？

　　　A．总是　　　　　B. 有时　　　　　C. 从不

20. 对人对事不喜欢深思熟虑，主张"跟着感觉走"？

　　　A．总是　　　　　B. 有时　　　　　C. 从不

（21～30：自我激励）

21. 办事出了差错时自己总结经验教训，不怨天尤人？

　　　A．总是　　　　　B. 有时　　　　　C. 从不

22. 相信"失败乃成功之母"？

　　　A．总是　　　　　B. 有时　　　　　C. 从不

23. 因为怕自己会犯错而不敢担任新的职责？

    A. 总是   B. 有时   C. 从不

24. 一次想做很多事，因此显得不够专心？

    A. 总是   B. 有时   C. 从不

25. 工作或学习上遇到的困难能够自我激励，并克服困难？

    A. 总是   B. 有时   C. 从不

26. 很难主动地对于自己该做的事负责到底？

    A. 总是   B. 有时   C. 从不

27. 在拼搏的人生道路上，相信自己能够成功？

    A. 总是   B. 有时   C. 从不

28. 不会要求自己什么，觉得自己做不到的事不如干脆放弃？

    A. 总是   B. 有时   C. 从不

29. 不会轻言放弃自己决定了要做的事？

    A. 总是   B. 有时   C. 从不

30. 不愿尝试所谓的新事物，对自己不会的事情会感到无聊、低级趣味？

    A. 总是   B. 有时   C. 从不

（31 ～ 40：他人情绪认知）

31. 认为参加社交活动不是浪费时间？

    A. 总是   B. 有时   C. 从不

32. 对我来说没有必要去考虑别人的感受是什么？

    A. 总是   B. 有时   C. 从不

33. 经常留意自己身边人的情绪变化？

    A. 总是   B. 有时   C. 从不

34. 自己无法察觉已经触痛他人或已伤及了她人的感情？

    A. 总是   B. 有时   C. 从不

35. 能够说出朋友和亲人各自的一些长处和优点？

    A. 总是   B. 有时   C. 从不

36. 与人相处时不善于了解对方的想法或不知如何看待事物？

　　A．总是　　　　　　B. 有时　　　　　　C. 从不

37. 与人交往时明白怎样去了解和尊重他人的情感？

　　A．总是　　　　　　B. 有时　　　　　　C. 从不

38. 当别人提出问题时，不知如何回答才会让人满意？

　　A．总是　　　　　　B. 有时　　　　　　C. 从不

39. 对同学们的性格脾气有一定的了解？

　　A．总是　　　　　　B. 有时　　　　　　C. 从不

40. 因为在意别人对自己的看法而觉得生活无法轻松自在？

　　A．总是　　　　　　B. 有时　　　　　　C. 从不

（41～50：人际关系管理）

41. 见到他人的进步和成就没有不高兴的心情？

　　A．总是　　　　　　B. 有时　　　　　　C. 从不

42. 会认为解决矛盾的好方法是委曲求全？

　　A．总是　　　　　　B. 有时　　　　　　C. 从不

43. 能够"严于律己，宽以待人"与人相处？

　　A．总是　　　　　　B. 有时　　　　　　C. 从不

44. 明白失信和欺骗是友谊的大敌？

　　A．总是　　　　　　B. 有时　　　　　　C. 从不

45. 与人共事懂得不能"争功于己，诿过于人"？

　　A．总是　　　　　　B. 有时　　　　　　C. 从不

46. 由于担心自己的意见或建议不好宁愿随声附和？

　　A．总是　　　　　　B. 有时　　　　　　C. 从不

47. 没有不愿同别人合作的心态？

　　A．总是　　　　　　B. 有时　　　　　　C. 从不

48. 会因他人不同意自己的意见表现出不满，或避而远之？

　　A．总是　　　　　　B. 有时　　　　　　C. 从不

49. 无法履行兑现对有约定在先的事，或草率了事？

    A. 总是   B. 有时   C. 从不

50. 对组织、学校及家庭既定的制度规则不能履行？

    A. 总是   B. 有时   C. 从不

计分规则

对于序号为奇数的题目，选 A 记 2 分，选 B 记 1 分，选 C 记 0 分；对于序号为偶数的题目，选 A 记 0 分，选 B 记 1 分，选 C 记 2 分。请对照自己在上述各项题目上的选项，计算自己情绪智力水平的最终得分。

结果说明

分数的解释参考如下：

81 ~ 100：EQ 水平比较高，拥有比较积极健康的心态，在人际交往和社会适应方面能力比较强，继续保持和加强。

41 ~ 80：在发挥优势面的同时，找出自身的不足，加以克服和提升。

40 以下：在人际交往、问题处理和社会适应等方面的能力还可以不断提升。针对自身的弱项，可以有针对性地加以训练，保持积极的心态，继续加油！

现在你看到的分数随着我们人生阅历和生活体验的逐渐丰富也会发生相应的变化，测试的目的并非给自己设限，而是让我们看到自己身上更多的可能性！

活动思考

1. 我在人际交往方面，主要存在哪些问题？

2. 我准备如何应对这些问题，从而提高自己的人际交往能力？

拓展学习

【我说你画】

游戏目标：

通过活动，让同学们体验有效的信息沟通包含哪些要素，比如准确表达、用心聆听、思考质疑、澄清确定等，从而体会在日常的学习生活中沟通的重要性，学会积极与人沟通交流。

场地：室内

道具：两张样图，每人两张 A4 纸、笔。

游戏规则：

1. 首先邀请一名同学上台担任信息"传达者"，其余同学作为"聆听者"。主持人给"传达者"看第一张样图，"传达者"把自己看到的内容传达给"聆听者"，"聆听者"根据从"传达者"那里听到的信息画图，整个过程中不许提问和交流。

3 分钟后，"聆听者"展示自己画的图，对照第一张样图，"传达者"和"聆听者"谈谈自己在这一过程中的感受。

2. 再邀请一名同学上台担任"传达者"（也可以是同一个"传达者"），主持人给"传达者"看第二张样图，然后"传达者"根据自己看到的内容，向"聆听者"传达画图指令，其中，在这一过程中，允许"聆听者"向传达者不断提问。3 分钟后，将"聆听者"画出的图与第二张样图进行比照。

然后请"传达者"和"聆听者"谈各自的感受，并比较两轮过程与结果的差异。

游戏提示：

1. 第一张样图和第二张样图中的图形构成基本一致，但位置关系要有所区别。

2. 两轮中的信息"传达者"可以为同一人，也可以为不同的人。

3.邀请"聆听者"谈感受时要选择有代表性的，如画得较准确的和画得特别离谱的，这样更容易分析造成结果差异的因素，从而找到改进的方法。

活动思考

1.第一轮游戏和第二轮游戏的结果是否有差别？为什么？

_____

2.这个游戏给你带来了什么启示？

_____

【开心背背夹】

游戏目标：体验合作共赢。

游戏规则：选出5组，每组2名学生组成。2人背靠背夹住一个足球或篮球，在保证所夹的球不掉落的情况下，按照指定的路线快速移动。完成时间最短者为胜。

活动完成后，胜利的一方和落败的一方交流感受，谈谈各自成功和失败的经验或不足之处！

【盲人旅行】

游戏目标：通过角色互换，学会换位思考。

1.活动准备

首先，在一定空间内利用桌子、板凳等设置障碍物；

其次，以2人为1组进行组队，1名扮演盲人，1名扮演引导者。

最后，根据场地大小，合理安排数组同时开展竞技。

2.活动规则

用一块黑布把1名同学眼睛蒙上，然后由组里的另一名同学牵着，绕过各种障碍到达终点。然后引导者返回起点，并用话语指导蒙上眼睛的同学，如何绕开障碍物从终点再返回起点。

等到"盲人"同学返回后，两人互换角色，重复以上的步骤，直到这名成员回到起始点。

3. 活动结束后，彼此之间交流感受。

单元小结

高中生要学习如何与人愉悦相处、如何与人有效沟通、如何与人合作共赢等。本单元主要介绍了一些人际交往中常用方法，并通过一些游戏活动来让同学们在实践中加深体验，希望可以启发同学们对于人际交往的认知和实践。

动动手指，回顾一下本单元内容吧！

我的情商指数是：

我平时在人际交往方面存在哪些问题？

学完本单元后，我可以采取哪些方式提高人际交往能力？

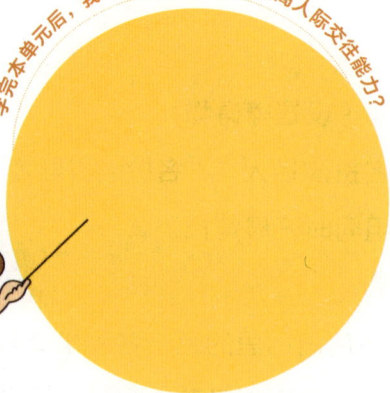

拓展：我还有哪些可以提高人际交往的想法或建议？

单元五：挫折应对

　　古巴一个叫桑迪亚哥的老渔民住在海边一个小窝棚里，他无依无靠，过着贫困的生活，唯有一个小男孩时不时去和他聊天，帮他收拾打鱼的工具。最近老渔民倒霉透了，一连几个月捕鱼都没有任何收获。虽然如此，但是乐观地老渔民却没有放弃，这一天他像往常一样出海。这一次，他的运气棒极了，捕猎到一条巨大的马林鱼。但由于马林鱼体型过于庞大，老渔民连同他的筏子被拖到了深海。老渔民与马林鱼战斗了三天三夜，终于凭借着顽强的意志，战胜了孤单、疼痛和饥饿，把马林鱼杀死了。他把马林鱼绑在船上，开始返航回家。不料马林鱼的血引来了海洋中的鲨鱼，任凭老渔民想尽各种办法，马林鱼的肉最终还是被鲨鱼掠夺一空，等到他回家，马林鱼就只剩下了一个骨架……（如图4-15所示）

图4-15　老人与海

桑迪亚哥有一句名言："一个人可以被毁灭，但是不能被打败。"你怎么看待这句话？

案例故事

苏轼的一生，可谓历经坎坷，命运多舛。青年时代的他意气风发，凭借着自身的诗文才气赢得了当时的文坛领袖欧阳修等人的称赞，一时名声大噪。每有新作，立刻就会传遍京师，家喻户晓。中年以后，苏轼却几经贬谪，先是因为上书谈论新法的弊病，被迫离京任职，后又因"乌台诗案"险些丧命，45 岁被贬黄州，59 岁被贬惠州，62 岁被贬儋州，65 岁北归途中病逝常州。面对仕途险恶，面对屡屡被贬，苏轼既没有惊慌失措、意志消沉，也没有随波逐流，更没有见风使舵。而是从容不迫，泰然处之，在地方任职时革新除弊，颇有政绩。虽然官场失意，但苏轼始终保持一颗乐观豁达的心胸，对生活寄予满腔的热情。他常常登山临水，怀古凭吊，去感受大自然的雄奇美丽，抒发自己的壮志豪情，在苦闷中寻求超越和解脱，为后人留下了许多脍炙人口的佳作。

知识链接

认识挫折

挫折，是指人们在实现一定目的时所遭遇的障碍。心理学上指个体有目的的行为受到阻碍而产生的必然的情绪反应，会给人带来实质性伤害，表现为失望、痛苦、沮丧不安等。挫折易使人消极妥协。

中学生常见的挫折种类

（1）学习型挫折：在学习过程中遇到的一些挫折，比如考试失利、成绩不理想等；

（2）社交型挫折：在人际交往过程中遇到的一些挫折，如社交恐惧症等；

（3）志趣型挫折：个人理想与现实之间的矛盾，个人的志向与他人志向之间的矛盾，个人的兴趣爱好不被理解等；

（4）自尊型挫折：个人在自尊方面未能得到有效满足而引发的挫折，比如在人多场合被人嘲笑或批评。

应对挫折常用的方法

1. 正视挫折，勇敢面对

（1）每个人都会面临挫折，因此不要害怕和逃避；

（2）挫折也常常会有转机，因此不要颓废和绝望；

（3）风物长宜放眼量，不要盯着一时的挫折不放。

2. 认真分析，客观总结

静下心来，认真分析挫折产生的主客观原因，积极寻求解决之道。记住，只要思想不滑坡，办法总比困难多。如果因为理想与现实差距过大，则可以降低自己的期望值，把大目标分解成一个个可以实现的小目标。

3. 学会宣泄，自我调节

当感到痛苦难以承受时，应当主动向老师、同学或亲友倾诉，争取他们的同情、理解与帮助，这样可以减轻挫折感，增强克服挫折的信心。当然也可以通过幽默、自嘲等方式来调节自己一时失意的情绪与心态。其他比如唱歌、运动等也可以尝试。

4. 情绪转移，寻求升华

转移自己的视线，做自己喜欢做的事情，既可以缓解情绪，也可以积累做事情的自信和动力。

5. 再接再厉，锲而不舍

行百里者半九十，在奔向目标的道路中，总免不了经历风风雨雨，也许再尝试坚持一下，就会迎来"柳暗花明"。即使摔倒了一千次，也要有一千零一次站起来的勇气和决心。

6. 相信自己，接纳自我

天生我材必有用，每个人都是与众不同的，都有自己的价值。每天为自己喝

彩，大声说出："我是最棒的"。

总之，我们也许无法改变现实，但是我们至少还可以选择如何面对现实，正如我们无法决定太阳几点升起，但是我们可以决定自己几点起床。努力做一个浪漫的现实主义者：浪漫，是要把一切想得自然、美好一些；现实，是要有一颗冷静分析周遭事物的头脑。冷静睿智加上热情豪迈，目标就离我们不远了。

实践活动

活动 29　测一测你的逆境商

逆商（Adversity Quotient，简称 AQ）全称逆境商数，一般被称为逆境商，指的是面对挫折、摆脱和超越困境的能力。有研究者指出，AQ 越高的人，面对困境时，越能够积极乐观地接受挑战，找出解决方案，愈挫愈勇，最终将会有卓越的表现。

> 你想快速了解你的逆境商指数吗？请进入生涯规划平台，或扫描封底二维码开启你的测试，系统将会及时给出结果分析及参考建议。

动动手指，开启你的逆境商测试吧！（共 20 道题，测试时间为 15 分钟。）

1. 如果我的成绩想要好一点，那我就要把考试卷拿到一个安静的地方去做。（　　）

　　A. 很符合我的情况　　　　　　　B. 比较符合我的情况

　　C. 不能肯定　　　　　　　　　　D. 不太符合我的情况

　　E. 根本不符合我的情况

2. 我平时的成绩和正式考试或测验相比要差很多。（　　）

　　A. 很符合我的情况　　　　　　　B. 比较符合我的情况

　　C. 不能肯定　　　　　　　　　　D. 不太符合我的情况

　　E. 根本不符合我的情况

3. 在演讲稿背的很牢的情况下，我演讲的时候还是会出些差错。（　　）

    A. 很符合我的情况　　　　　　　　B. 比较符合我的情况

    C. 不能肯定　　　　　　　　　　　D. 不太符合我的情况

    E. 根本不符合我的情况

4. 在我需要的时候，我就会通宵学习和工作。（　　）

    A. 很符合我的情况　　　　　　　　B. 比较符合我的情况

    C. 不能肯定　　　　　　　　　　　D. 不太符合我的情况

    E. 根本不符合我的情况

5. 无论是在冬天还是夏天，我对温度的感知都比别人敏感。（　　）

    A. 很符合我的情况　　　　　　　　B. 比较符合我的情况

    C. 不能肯定　　　　　　　　　　　D. 不太符合我的情况

    E. 根本不符合我的情况

6. 任何情况下我都可以集中精力高效率地学习和工作，即使是在混乱噪杂的环境里。（　　）

    A. 很符合我的情况　　　　　　　　B. 比较符合我的情况

    C. 不能肯定　　　　　　　　　　　D. 不太符合我的情况

    E. 根本不符合我的情况

7. 在我体检的时候，虽然我的脉搏很正常，但是医生说我的心跳过速。（　　）

    A. 很符合我的情况　　　　　　　　B. 比较符合我的情况

    C. 不能肯定　　　　　　　　　　　D. 不太符合我的情况

    E. 根本不符合我的情况

8. 当我在会议上发言的时候，我都会特别的淡定。（　　）

    A. 很符合我的情况　　　　　　　　B. 比较符合我的情况

    C. 不能肯定　　　　　　　　　　　D. 不太符合我的情况

    E. 根本不符合我的情况

9. 我是一个害怕见陌生人的人，我经常想办法躲避家人的朋友。（　　）

    A. 很符合我的情况　　　　　　　　B. 比较符合我的情况

    C. 不能肯定　　　　　　　　　　　D. 不太符合我的情况

E. 根本不符合我的情况

10. 我是一个适应能力很强的人，当我在一个新的地方的时候，能很快地适应当地的生活习俗。（　　）

　　A. 很符合我的情况　　　　　　B. 比较符合我的情况

　　C. 不能肯定　　　　　　　　　D. 不太符合我的情况

　　E. 根本不符合我的情况

11. 当我遇到重大的比赛的时候，我的成绩就很差，尤其是激烈的比赛，我的成绩就会更差。（　　）

　　A. 很符合我的情况　　　　　　B. 比较符合我的情况

　　C. 不能肯定　　　　　　　　　D. 不太符合我的情况

　　E. 根本不符合我的情况

12. 当我和别人讨论问题的时候，我能够流利地表达自己的看法。（　　）

　　A. 很符合我的情况　　　　　　B. 比较符合我的情况

　　C. 不能肯定　　　　　　　　　D. 不太符合我的情况

　　E. 根本不符合我的情况

13. 很多事情我觉得一个人做比和别人合作更方便。（　　）

　　A. 很符合我的情况　　　　　　B. 比较符合我的情况

　　C. 不能肯定　　　　　　　　　D. 不太符合我的情况

　　E. 根本不符合我的情况

14. 有的时候我不能常常坚持自己的意见或主张，因为我要考虑到大家的相安共处。（　　）

　　A. 很符合我的情况　　　　　　B. 比较符合我的情况

　　C. 不能肯定　　　　　　　　　D. 不太符合我的情况

　　E. 根本不符合我的情况

15. 当我在公众面前或者是陌生人面前，我就会心跳加速。（　　）

　　A. 很符合我的情况　　　　　　B. 比较符合我的情况

　　C. 不能肯定　　　　　　　　　D. 不太符合我的情况

　　E. 根本不符合我的情况

16. 无论在多么紧迫的情况下我都能注意到应该注意到的细节。（　　）

    A. 很符合我的情况　　　　　　　　B. 比较符合我的情况

    C. 不能肯定　　　　　　　　　　　D. 不太符合我的情况

    E. 根本不符合我的情况

17. 在与别人交谈的时候我常常觉得无言以对，但是事后我就会想到很多的理由来反驳对方。（　　）

    A. 很符合我的情况　　　　　　　　B. 比较符合我的情况

    C. 不能肯定　　　　　　　　　　　D. 不太符合我的情况

    E. 根本不符合我的情况

18. 我平时的成绩没有正式考试的时候好。（　　）

    A. 很符合我的情况　　　　　　　　B. 比较符合我的情况

    C. 不能肯定　　　　　　　　　　　D. 不太符合我的情况

    E. 根本不符合我的情况

19. 当我到一个新的地方的时候，我会有一些失眠、心烦、吃不好、拉肚子等小毛病。（　　）

    A. 很符合我的情况　　　　　　　　B. 比较符合我的情况

    C. 不能肯定　　　　　　　　　　　D. 不太符合我的情况

    E. 根本不符合我的情况

20. 当我在夜间走路的时候，我可以看的比别人清楚。（　　）

    A. 很符合我的情况　　　　　　　　B. 比较符合我的情况

    C. 不能肯定　　　　　　　　　　　D. 不太符合我的情况

    E. 根本不符合我的情况

计分规则

凡是奇数题（如 1、3、5、7……）从 A 到 E 的选项答案分别记 A（1分）B（2分）C（3分）D（4分）E（5分）

凡是偶数题（如 2、4、6、8……）从 A 到 E 的选项答案分别记 A（5分）B（4分）C（3分）D（2分）E（1分）

测试结果说明

0～40：心理适应能力待提升——一旦身处逆境，你可能会很快丧失奋斗的信心和解决问题的决心，很容易因为生活中累积的挫折和挑战而觉得沮丧难过，意志消沉，甚至是逃避，没有持之以恒的毅力。建议强化抗挫能力。

41～60：心理适应能力一般——你可以处理一般的逆境，但是遇到较大困难时，可能无法从容应对。建议提升自己的抗挫能力。

61～80：心理适应能力较强——能够较好地处理日常学习生活中的问题，并能够积极应对。建议保持并进一步提升。

81～100：心理适应能力很强——你可能有承受重大逆境并且持续努力向上的能力。如果能够保持，在以后的生活中将会更好地发挥你的潜能。

活动思考

1. 我的逆境商分数是：_____，处于何种水平？

2. 我的问题可能出现在哪里？

----

3. 我应该如何提高自己应对挫折的能力？

拓展学习

寻找榜样

搜集自己喜爱或敬仰的人物的成长励志故事，看看他们在成长的过程中有没有经历过挫折和困难，特别是他们在面对挫折和困难时，都是如何做的，你从他们身上学到了什么。

搜集励志语录

搜集不畏艰难的励志语录，挑选一条作为自己的座右铭，用来激励自己奋发向上。

✕ 单元小结

不经历风雨，怎么见彩虹。每一个人在前行的过程中，都不可避免地经历一些挫折、困难和挑战。有的人会因此一蹶不振，浑浑噩噩过完一生；有的人却知难而上，最终迎来柳暗花明。本单元重点在于启发同学们对于挫折的正确认知，引导同学们树立积极应对挫折的勇气和决心，笑对生活。

动动手指，回顾一下本单元内容吧！

我平时会遇到哪些挫折？

我的逆商指数是：

学完本单元后，我可以采取哪些方式提高抗挫能力？

拓展：还有哪些方式，我认为应对挫折比较有效？

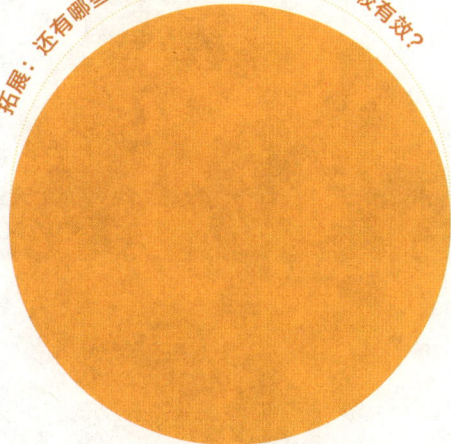

模块小结：自我评估

　　通过本模块的学习和活动体验，相信同学们对中学阶段常见的问题有了一定的了解。动动手指，完成下面的表格，检测一下本模块的学习成果吧！

面对压力和焦虑，我会这样做：

为了构建和谐融洽、合作共赢的的人际关系，我会这样做：

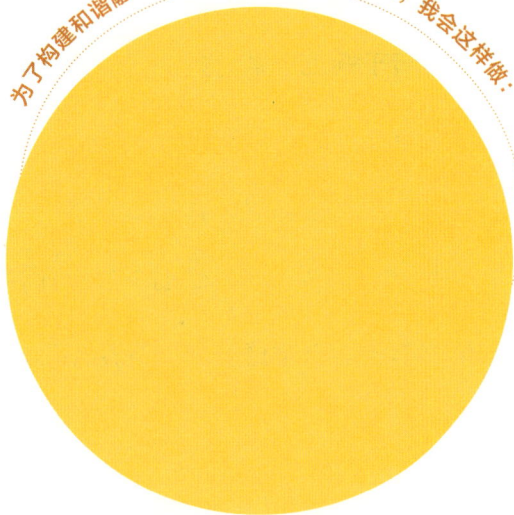

假如生活中再遇到挫折和挑战，我会：

为了不虚度光阴，不辜负青春，我将采取以下方法管理我的时间：

歇后语、格言

业精于勤荒于嬉，行成于思毁于随。

千里之行，始于足下。

长风破浪会有时，直挂云帆济沧海。

书山有路勤为径，学海无涯苦作舟。

少年易学老难成，一寸光阴不可轻。

模块五

怎样选择大学——升学指导与志愿填报

图 5-1 该填哪个好呢？

模块导读

　　志愿填报可以说是我们人生中第一个关键十字路口，不仅关系着大学的经历，更与未来人生的发展有着非常重要的关系。本模块供学生升学时使用，帮助学生了解专业、走近大学，为学生提供升学指导与志愿填报服务，让学生在填报志愿时不再"道听途说"，而是"知己知彼，科学选择"。（如图 5-1 所示）

选大学还是选专业

能够进入一所自己满意的大学、选择一门喜欢的专业，这是莘莘学子的理想。然而，现实与理想之间往往存在差距。

小明的选择

小明高考考了 580 分，虽然这个分数能让小明进入一所不错的大学，然而在填报志愿的时候他还是面临着一个两难的选择。按照大学综合排名，A 大学比 B 大学靠前。但是，580 分仅仅达到了 A 大学的录取分数线，由于分数限制，他的专业选择十分有限，只能选择"冷门"专业，但是如果小明选择 B 大学，这个分数足以让他选择任何自己感兴趣的专业或是所谓的"热门"专业。专业和大学，到底应该优先考虑哪一个？小明内心纠结，征询了家人和朋友的建议：

家长 1：选择 B 大学，虽然学校差一点，但是你可以选择金融专业，以后进入金融行业，收入会很高。

家长 2：当然要选择 A 大学，综合实力强，专业差点没关系，现在找工作专业不对口的多着呢。

朋友 1：你不是喜欢生物吗？那就选择 B 大学的生物学专业呀，兴趣才是最好的老师。

朋友 2：不对，A 大学的生物专业全国排名都是靠前的，即使你进不了生物学专业，但是强大的校友圈还是能为你以后发展带来很多帮助的。

如果你是小明，你会如何选择？（如图 5-2 所示）

图 5-2　小明的选择

其实，"专业优先"还是"学校优先"各有利弊，如下表所示。除了这些因素以外，考生在选择专业的时候，还要综合考虑自己的兴趣爱好、能力倾向，最好把自己的职业生涯规划与未来社会对人才的需求联系起来。另外，考生的成长环境也可以是填报志愿和生涯规划的重要依据之一。如果某同学的父母或者亲属从事某一行业，并且小有所成，而恰好这位同学也对此感兴趣，那么，该行业相关的专业也是个不错的选择。因为，随着我国各行各业的持续发展，家庭对一个人的成长、学习和职业生涯发展都有不容小觑的影响，而薪火相传的家族事业也体现出一种工匠精神。

选专业对决选学校

选专业	选学校
找到兴趣点，学习动力足	教育资源丰富，师资力量雄厚，促进学生全面发展
考虑职业发展，找准职业定位	名校自带光环，让学生更加自信
节省试错时间，不留遗憾	就业机会多，成功率大

选择有时比努力更重要，尤其是关乎人生走向的高考志愿填报更是尤为重要。小明的困惑是很多考生填志愿时几乎都会面临的问题。填志愿绝非比照分数

选择一个好学校这么简单，不仅要"知己"，还要"知彼"，要对大学的专业分类和大学类型介绍有一个较为清晰的认识。如果选择科学合理，就不会出现"一毕业就失业"以及进入社会"专业不对口"等因高考志愿填报失误所带来的困扰。

大学的专业分类

根据教育部最新颁布并实施的《普通高等学校本科专业目录（2020 年）》[①]，我国大学本科学科门类共 12 个，分别是哲学、经济学、法学、教育学、文学、历史学、理学、工学、农学、医学、管理学、艺术学（如图 5-3 所示）。每个学科门类下设若干专业类，每个专业类又有不同的专业。《普通高等学校本科专业目录（2020 年）》设置了 320 个基本专业和 351 个特设专业和 92 个国家布控点专业。

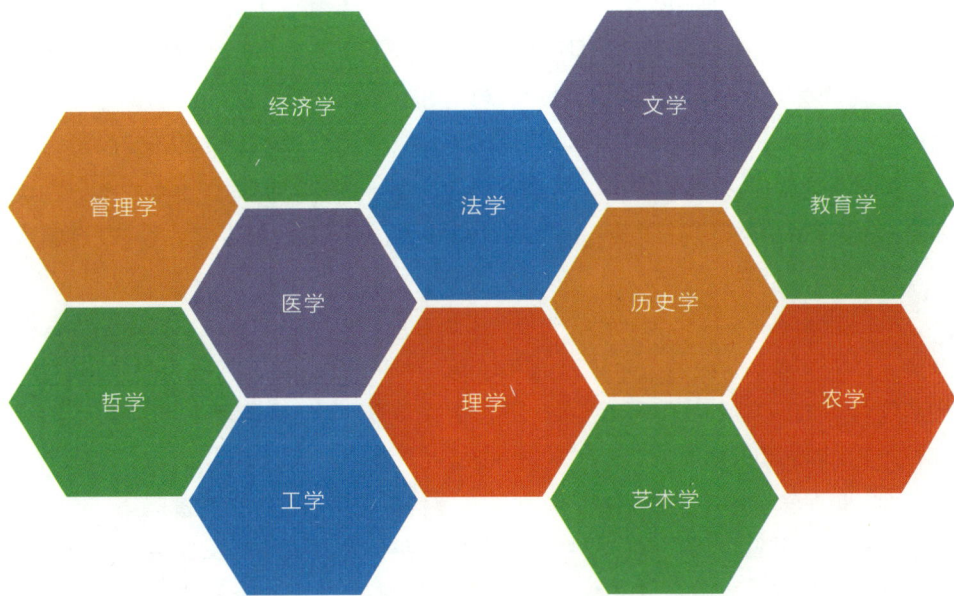

图 5-3　学科分类

---

① 教育部关于公布 2019 年度普通高等学校本科专业备案和审批结果通知 . 附件 2. 普通高等学校本科专业目录（2020 年版）. 中华人民共和国教育部 .

普通高等学校本科专业概览

1. 哲学是社会科学最重要的基础学科之一，只有哲学类 1 个专业类，含 2 个基本专业，1 个特设专业和 1 个国家布控点专业。

2. 经济学包含经济学类、财政学类、金融学类、经济与贸易类这 4 个专业类，共 8 个基本专业，13 个特设专业和 2 个国家布控点专业。

3. 法学有 6 个专业类，分别是法学类、政治学类、社会学类、民族学类、马克思主义理论类、公安学类，共 9 个基本专业，32 个特设专业和 24 个国家布控点专业。

4. 教育学分为教育学类和体育学类两个专业类，有 11 个基本专业，12 个特设专业和 6 个国家布控点专业。

5. 文学有 3 个专业类，分别是中国语言文学类、外国语言文学类、新闻传播学类，有 72 个基本专业，51 个特设专业。

6. 历史学是社会科学最重要的基础学科之一，只有历史学类一个专业类，4 个基本专业，3 个特设专业。

7. 理学是自然学科的基础学科，分 12 个专业类，分别是数学类、物理学类、化学类、天文学类、地理学类、大气科学类、海洋科学类、地球物理学类、地质学类、生物科学类、心理学类、统计学类，有 28 个基本专业，14 个特设专业。

8. 工学是我国高等教育的"大户"，包括 32 个专业类，230 个专业（基本专业 99 个，特设专业 128 个和 17 个国家布控点专业），涵盖了工程技术的方方面面。

9. 农学包括 7 个专业类，分别是植物生产类、自然保护与环境生态类、动物生产类、动物医学类、林学类、水产类、草学类，有 18 个基本专业和 20 个特设专业和 1 个国家布控点专业。

10. 医学学科是一个大学科，包括 11 个专业类，分别是基础医学类、临床医学类、口腔医学类、公共卫生与预防医学类、中医学类、中西医结合类、药学类、中药学类、法医学类、医学技术类、护理学类，有 13 个基本专业，36 个特设专业和 31 个国家布控点专业。

11. 管理学包括 9 个专业类，分别是管理科学与工程类、工商管理类、农业经济管理类、公共管理类、图书情报与档案管理类、物流管理与工程类、工业工程类、电子商务类、旅游管理类，有 27 个基本专业，27 个特设专业和 6 个国家布控点专业。

12. 艺术学包括 5 个专业类，分别是艺术学理论类、音乐与舞蹈学类、戏剧与影视学类、美术学类、设计学类，有 29 个基本专业，19 个特设专业和 4 个国家布控点专业，艺术学各专业基本在高考艺术类考生中招生。

扫描封底二维码可查看完整的专业目录。

大学类型介绍

　　大学也分为不同的类型，比如按学科范围可分为综合类、理工类、师范类、农林类、政法类、医药类、财经类、民族类、语言类、艺术类、体育类、军事类、旅游类院校；按教育性质可分为普通高等教育，成人高等教育，高教自学考试，电大开放教育，远程网络教育等；从投入机制上可分为"211 工程"院校、"985 工程"院校与其他本科院校，以及现在的"双一流"建设，简要介绍如下：

"211 工程"院校

　　"211 工程"，即面向 21 世纪、重点建设 100 所左右的高等学校和一批重点学科的建设工程，于 1995 年 11 月经国务院批准后正式启动。

"985 工程"院校

　　1998 年 5 月 4 日，江泽民在庆祝北京大学建校 100 周年大会上宣告："为了实现现代化，我国要有若干所具有世界先进水平的一流大学"。1999 年，国务院批转教育部《面向 21 世纪教育振兴行动计划》，正式启动"985 工程"建设。

"双一流"建设

　　继"211 工程""985 工程"以后，中国高等学校迎来了另一国家战略机遇——世界一流大学和一流学科建设，简称"双一流"。2017 年，教育部等联合发布《关于公布世界一流大学和一流学科建设高校及建设学科名单的通知》，公布"双一流"建设学科名单，首批双一流建设高校共计 137 所；双一流建设学科共计465 个。

志愿填报依据

在本模块开篇的故事中，小明困惑的根本原因就在于志愿填报时缺乏依据。志愿填报有 4 个原则（如图 5-4 所示）：第一，价值取向原则。学校和专业的选择很大程度上决定了今后的职业选择，而价值取向是职业选择的主导因素，因此，志愿填报应尽量遵从自己的价值取向。第二，能力原则。在传统高考模式下，高考分数高就是学习能力强，志愿填报必须依据高考成绩。个人能力倾向也是填报志愿的重要依据。第三，兴趣原则。在能力范围内选择自己感兴趣的学校和专业。能力和兴趣要结合起来，不依据能力填报志愿是好高骛远的，不依据兴趣填志愿也不理性。第四，顺应社会需求原则。习近平提出，要做到"因势而谋、应势而动、顺势而为"。"势"即事态发展的大方向，志愿填报要顺应社会发展趋势。系统将基于这 4 个基本原则，为你量身定制志愿填报建议。

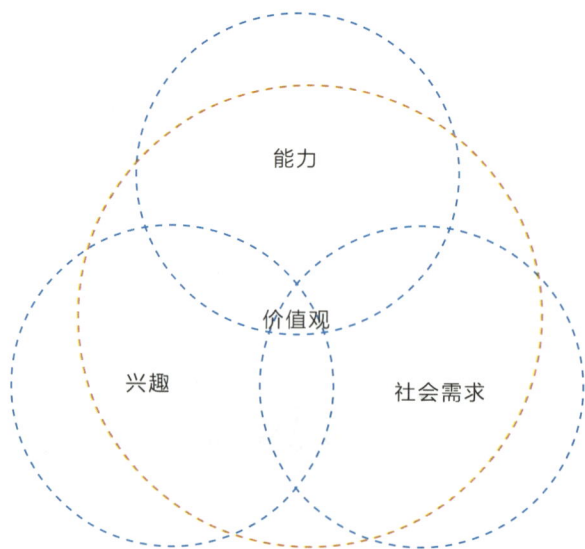

图 5-4　志愿填报 4 原则

我的志愿填报分析表：根据志愿填报 4 原则，结合前 4 个模块的学习，尝试完成自己的志愿填报分析表吧。

我的价值取向	
我的能力倾向	
我的兴趣	
社会需求	
我可以选择的专业	

我的生涯发展报告：同学们，经过前几个模块的学习，你的生涯发展报告已经初步形成，请扫描封底二维码，进入生涯规划平台，将你的生涯发展报告补充完整。

我的职业生涯规划报告

生涯目标		生涯路径规划	问题调适
我是谁 1. 我的性格 _____ _____ 2. 我的兴趣 _____ _____ 3. 我的能力倾向 _____ _____ 4. 我的职业价值观 _____ _____	**社会需求** 1. 我的职业认识 _____ _____ 2. 我的职业体验 _____ _____	1. 规划目标 _____ 2. 理性选科 _____	1. 压力调适 _____ 2. 缓解焦虑 _____ 3. 人际交往 _____ 4. 挫折应对 _____ 5. 实践管理 _____
目标专业：_____ 目标学校：_____ 目标职业：_____		我的职业愿景： _____	

数据服务

　　高考志愿填报和专业选择是一项专业性非常强的工作，然而，目前考生和家长普遍显得不够专业和理性，教师也难以提供科学的指导和帮助。大数据能为学生提供精准的志愿填报服务，因为数据本身不会说谎，也是客观公正的，基于大数据分析技术的高考志愿填报更具科学性，也更容易成功。

　　"志愿填报系统"能提供学科分类介绍和大学类型介绍，并结合志愿填报依据和大数据分析结果，为学生提供智能导航服务。"志愿填报系统"结合过去 5 年的考生成绩、各高校的招生计划、以往各专业的录取结果以及考生本年的考试成绩与排名，对比当年各院校的招生计划进行大数据分析与智能匹配推荐。系统还汇集了权威机构关于未来职业发展的预测，供学生选择专业时参考。

智能导航

学生登录系统就可以获得智能导航服务。首先，各类测试帮助学生更好地了解自己，同时，系统也记录下来学生的能力倾向、兴趣爱好和性格特征，生成学生数字画像。然后，系统结合大数据分析与志愿填报依据，为学生"量身定制"志愿填报方案。（如图 5-5 所示）

图 5-5　智能导航